TROIS
HOMMES FORTS

PAR

Alexandre Dumas fils

Auteur de *la Dame aux Camélias*

III

PARIS
HIPPOLYTE SOUVERAIN, ÉDITEUR
RUE DES BEAUX-ARTS, 5

1850

TROIS

HOMMES FORTS

PUBLICATIONS RÉCENTES.

LES HOMMES NOIRS
Par F. De BAZANCOURT

LA TERRE PROMISE
PAR ALPHONSE BROT.

HISTOIRE DE LA RÉVOLUTION D'ITALIE
Précédée d'un aperçu sur les derniers événements.
PAR RICCIARDI.
Député au Parlement de Naples.

LES DEGRÉS DE L'ÉCHELLE
Par Madame la comtesse DASH. — 6 vol. in-8.

L'AMAZONE
Par Alexandre Dumas.

L'ÉVENTAIL D'IVOIRE
PAR AUGUSTE LUCHET.

ANTONINE
Par Alexandre Dumas fils.

UN DRAME DANS LES PRISONS
Par H. DE BALZAC. — 2 vol. in-8.

LE FOYER DE L'OPÉRA
Tomes 9 à 13, par Alexandre Dumas, etc.
Ces 5 derniers volumes complètent cette publication.

LAGNY. — Imprimerie de VIALAT et Cie.

TROIS
HOMMES FORTS

PAR

Alexandre Dumas fils

Auteur de *la Dame aux Camélias*

III

PARIS

HIPPOLYTE SOUVERAIN, ÉDITEUR

RUE DES BEAUX-ARTS, 5

1850
1851

CONFIDENCES FORCÉES.

SUITE.

XXX.

Quand un enfant ou un homme ivre commettent un crime, la loi les condamne rarement. L'un échappe à sa justice, l'autre à sa sévérité, parce qu'elle reconnaît que le premier n'avait pas encore assez d'intelligence, et que le second n'avait plus assez de raison pour comprendre ce qu'ils faisaient. La société devrait agir vis-à-vis de la femme comme la loi vis-à-vis des hommes ivres et des enfants ; car la femme a l'éternelle enfance de la raison et l'éternelle ivresse du cœur.

Ainsi, il n'est pas de position plus chanceuse pour une jeune fille que celle où se trouvait Blanche.

A dix-huit ans être déjà la maîtresse d'un homme qu'une fantaisie a amené, que peut remmener un caprice, et n'avoir d'autre garantie pour l'avenir que la parole de son amant, certes, c'est là une des phases les plus dangereuses que puisse traverser la vie d'une femme. Il semblerait qu'elle ne doit dormir ni jour ni nuit, placée qu'elle est entre un passé d'innocence détruite et une réparation à venir, qu'une parole promet, mais que rien n'assure.

On pourrait croire que cette femme va tout-à-coup, se trouvant au milieu de tant de ruines, être épouvantée et prise de folie, se sauver devant elle comme pour échapper à cet effroyable spectacle et se briser le front contre la réalité.

Eh bien! non; elle ne songe même pas au danger qu'elle court; elle se repose sur la parole de son amant, elle s'endort dans sa confiance, et elle donne à l'avenir le même sourire qu'au passé. Elle n'espère même pas, elle est convaincue; elle ne fait pas le moindre doute que toutes les combinaisons de son âme réussiront.

Voilà pourquoi le jour où il leur est démontré qu'elles se sont trompées, les femmes n'ont plus de refuge que dans la mort, tant le désespoir qui s'empare d'elles est subit et inattendu. Elles se sont abusées avec une telle foi, elles se sont si bien habituées à cet aveuglement moral, qu'elles ne peuvent supporter le premier rayon de vérité qui pénètre dans leur vie et qu'elles tombent tuées par la lumière comme par la foudre.

D'où leur vient cette étrange organisation qui fait qu'elles se trompent presque toutes de sentier au même endroit du chemin, qui fait que l'exemple leur est parfaitement inutile, et qu'elles tombent l'une après l'autre dans le même précipice sans pouvoir se retenir aux maigres branches qui le bordent? Quel a été le bût de Dieu en les faisant ainsi? c'est ce que nous ne saurions dire. Nous constatons le fait, mais nous ignorons la cause.

Il est cependant bien prouvé maintenant que jamais une pareille faute ne finit bien. Il y a non-seulement les romans, mais il y a encore les réalités quotidiennes qui démontrent cette vérité.

Jamais un homme qui a séduit une jeune fille ne l'a épousée, à moins qu'elle ne fût dotée de quelque grand diable de frère portant épée et moustaches, à moins que le père n'en appelât aux tribunaux et ne demandât l'appui de toute une société pour réparer l'erreur de sa fille.

Un mariage contracté par de tels moyens est une réparation et en même temps un aveu public d'une faute qui eût toujours dû rester ignorée, et, à coup sûr, n'a pas en lui les conditions d'une vitalité heureuse; sans compter que bientôt la jeune fille s'aperçoit qu'elle n'aimait pas son amant, et qu'il vaudrait encore mieux pour le repos de son cœur, car c'est toujours au nom de leur cœur que parlent et pensent les femmes, que le mariage n'eût pas eu lieu, que la faute n'eût pas été réparée, et qu'elle fût libre au lieu d'être éternellement rivée à un homme qu'elle détestera peut-être.

De là à tromper cet homme, y aura-t-il bien loin? et cet homme qui aura commencé par tromper, lui, aura-t-il le droit de se plaindre qu'on le trompe? Et cependant, à son tour, il aura le droit de venir demander à la société réparation de la même faute qu'il a commise.

Telle est la marche ordinaire des choses, quand le suicide ne tranche pas dès le premier acte les péripéties de ces drames intérieurs.

Ces sortes de mariages ne sont donc pas des réparations, mais des châtiments. Ce n'est pas avec les syllabes d'un nom et une signature sur un morceau de papier timbré, qu'on raccommode l'honneur des familles et qu'on assure le bonheur des femmes.

Eh bien ! vous raconterez, vous écrirez, vous prouverez tout cela, et vous ne changerez rien à ce qui est. Si c'est un livre que vous faites avec ces vérités, on appellera cela un roman, c'est-à-dire une chose fausse, sans importance, et qui, par conséquent, devra rester sans effet ; si c'est un fait que vous racontez, on appellera cela un malheur, comme une voiture qui verse ou une maison qui s'écroule, et tout sera dit.

Nous ne demandons certainement pas que les jeunes filles soient initiées théoriquement à toutes les réalités de la vie, mais nous voudrions qu'on leur laissât entrevoir un coin de ce monde moral, dans lequel elles doivent entrer un jour, et nous sommes convaincu que si ce spectacle détruisait en elles quelques illusions, il empêcherait aussi de grands malheurs dont ces illusions sont les causes.

Notre morale, au contraire, veut qu'on entretienne l'ignorance la plus complète dans le cœur des filles, et qu'on livre au mari un corps vierge et une âme toute naïve.

Là s'arrête la mission des parents ; si bien que le lendemain du jour où les filles sont mariées, c'est-à-dire où devenues femmes, elles ont le droit de tout connaître, comme elles n'ont été prévenues de rien, elles se trouvent au milieu du monde comme un soldat sans armes au milieu d'ennemis armés, forcées ou de se rendre tout de suite ou de succomber avec le plus d'héroïsme possible, mais condamnées d'avance à une défaite quelconque.

Cependant nous ne nions pas la vertu forte par elle-même, nous croyons, nous savons qu'elle existe, et nous sommes son religieux défenseur. Mais nous sommes bien forcé d'avouer aussi que beaucoup de femmes ont fait en un instant le malheur de toute leur vie, ont dissipé en une minute le trésor de leur passé et l'espérance de leur avenir, et que l'on eût peut-être évité cette chute si, avant qu'elles entrassent dans leurs rôles d'épouse et de mère, on leur avait dit en s'adressant à leur raison et en leur montrant quelques-unes des plaies de notre société :

— Regardez cette femme couverte de fleurs et de diamants, voyez comme elle est pâle, voyez comme son regard est triste, comme le désenchantement est dans toute sa personne! cela vient d'une faute qu'elle a commise, cela vient d'une seconde d'erreur que des années n'effaceront pas et qui finira peut-être par la tuer.

Cette seconde lui a-t-elle donné plus de bonheur à elle seule, par la passion qu'elle assouvissait, que ne lui eussent donné de bonheur vingt ans de fidélité obscure et de tranquillité domestique? Non. Elle a été précédée de la crainte, elle a été suivie du remords et elle n'a révélé aucune des joies qu'elle promettait. L'amour, cette incessante curiosité, trompe toujours quand il se cache pour séduire. Le feu qu'il allume, détruit, car quoi que l'on fasse, tout incendie laisse des cendres.

Voyez cette autre, vêtue de misère et d'impudeur? Elle était belle, elle était aimée, elle était pure, sans savoir pourquoi, elle a donné sa beauté, elle a trompé qui l'aimait, elle a taché son innocence. Aujourd'hui, pour vivre, elle est forcée de vendre ce qu'elle a donné; le monde la repousse; son époux la méprise, et ses enfants la nient.

Voilà ce qu'il arrivera de vous si vous faites comme ces femmes.

Si l'on parlait ainsi aux jeunes filles, au lieu de jeter un voile obscur sur ces turpitudes, croyez-vous qu'elles ne seraient pas prises de la sublime vanité de la vertu?

Ce n'est pas assez de leur montrer l'attrait du bien, il faut leur montrer la hideur cachée du mal, car le jour où le mal voudra les attirer, il couvrira son visage d'un masque si séduisant que si elles ne devinent pas dessous un visage hideux, elles le suivront non-seulement avec confiance, mais encore avec joie.

Nous nous appesantissons sur tous ces détails, parceque dans notre société moderne la femme a pris une place si importante, que toutes les grandes questions morales reposent sur elle ;

questions d'amour, questions de famille, questions de bonheur enfin.

Si, comme les Orientaux, nous avions simplifié la femme en la réduisant à l'état d'animal et d'esclave, si nous l'enfermions dans un sérail et que nous eussions dans notre poche la clé de sa vertu ; si, quand elle nous trompe, nous avions le droit de mort immédiate sur elle, ce serait toute autre chose.

Mais nous avons fait une part à son âme, à son intelligence, à sa volonté, nous avons accroché notre existence, notre bonheur, notre honneur même au moindre de ses caprices; nous ne la tuons pas, c'est elle qui nous tue, qui nous ruine, qui nous exile, et son influence s'exerce sur la génération qui lui succède comme sur celle qui la précède, puisque, fille, elle peut déshonorer son père; puisque, femme, elle peut déshonorer son mari; puisque, mère, elle peut déshonorer ses enfants : c'est donc sur elle qu'il faut jeter les yeux, c'est donc l'assainissement de cette source de la vie morale qu'il faut avoir en vue.

Pourquoi avons-nous justement été donner le pouvoir à la faiblesse?

Ah! fous que nous sommes!

Nous faisons des révolutions pour substituer un roi à un autre, pour remplacer un mot par un autre, pour n'avoir plus de tyrans, disons-nous, pour être libres enfin, et nous subissons dans notre civilisation, sans y prendre garde, sans paraître même la soupçonner, tant nous en avons l'habitude, l'effroyable tyrannie de la femme, tyrannie d'autant plus redoutable, qu'elle n'a ni le droit, ni la raison, ni la force.

Nos projets, nos ambitions, notre fortune dépendent d'elle.

Que de hautes et belles destinées sont tombées tout-à-coup, poussées par une petite main qu'eût broyée une main d'homme en la pressant. Comme l'a dit un de nos plus spirituels écrivains, Dieu a mis la femme sur la terre pour que l'homme ne pût pas faire de trop grandes choses.

Ainsi, pour revenir à notre sujet, car les exemples valent mieux que les maximes, voilà une mère, madame Pascal, qui a derrière elle quarante ans de vertus à offrir à Dieu; voilà un jeune homme, Félicien, qui n'a pas un reproche à se faire dans le passé, et dont la sainte espérance est de se consacrer au culte du Seigneur et au soulagement de l'humanité, eh bien! il se trouve entre cette femme et cet homme, types d'honneur et de vertu, une enfant, fille de l'une, sœur de l'autre, innocente et pure comme tous les deux, mais que son innocence et sa pureté ont laissée sans défense contre les séductions d'un homme.

Voilà donc trois destinées sur lesquelles deux ne devraient être responsables en rien, puisqu'en rien elles ne sont coupables, voilà donc trois destinées qui reposent sur la loyauté d'un homme et sur la faute d'une jeune fille.

Si Frédéric refuse d'épouser Blanche, voilà le passé de la mère souillé, voilà l'avenir du frère détruit, voilà la vie de Blanche flétrie à tout jamais, et voilà au bout de quelques mois, car nous n'avons peut-être pas encore dit tous les malheurs qui menacent la jeune fille, voilà une quatrième créature encore plus innocente que les autres, puisqu'elle descend du ciel, encore moins responsable surtout, qui va venir au monde et qui n'aura ni famille, ni nom, ni estime à attendre de ce monde où elle va entrer, qui portera éternellement le poids de la faute de sa mère et que la société condamnera.

Au milieu de tout cela que fait Blanche?

Songe-t-elle à tous ces dangers? prévoit-elle tous ces malheurs? Non.

Elle dort, nous le répétons, confiante dans la parole de son amant, sûre d'aimer, sûre d'être aimée, coupable aux yeux du monde, innocente à ses propres yeux et aux yeux de Dieu ; car, si elle s'est trompée, elle s'est trompée loyalement en croyant marcher dans le chemin de son cœur.

Et cependant, celui-là serait infâme qui accuserait Blanche, qui lui demanderait compte de sa faute, qui voudrait l'en punir, qui lui jetterait une pierre; car Blanche ne s'est perdue que par innocence, car elle ne savait pas qu'une bouche peut mentir, elle qui n'avait jamais eu autour d'elle que des âmes loyales; car lorsque son amant lui a dit : Je t'aime ! elle l'a cru, car elle croit, car elle est convaincue qu'elle sera sa femme.

Ainsi, non-seulement Blanche, sur qui pèse une si grande responsabilité, à l'innocence de laquelle deux destinées, deux hommes, deux existences sont attachées, non-seulement Blanche n'en est proie à aucune terreur, mais encore elle est heureuse et fière de ce qui devrait la désoler, et dans sa solitude elle s'écrie avec joie, avec certitude hélas! : je suis mère !

Supposez maintenant qu'au milieu de cette joie on apporte une lettre de Frédéric, qui lui dise qu'il ne la reverra jamais et qu'il part, lettre qui a été écrite bien des fois dans des situations semblables, que lui restera-t-il à faire?

Il lui restera la mort, ce premier moyen du désespoir, ce dernier moyen de l'honneur.

Si elle a la force de ne pas mourir,

elle se trouvera entre la société et Dieu.

L'une lui dira :

— Cache ta faute, quand même pour cela il te faudrait commettre un crime, détruis ce que la nature a fait, couvre ton passé d'un sourire, et je ne dirai rien.

L'autre lui dira :

— Tu es mère, tu te dois à ton enfant, à cette douce et frêle créature, qui n'a pas demandé à venir au monde, et que tu n'as pas le droit de détruire au profit de préjugés. Tu es mère, aime ton enfant.

Quatre mots sur un morceau de papier, et Blanche se trouvera dans cette effroyable position.

Ce qui n'empêche pas qu'elle sourie en attendant l'heure du départ, et qu'elle répond à Robert, qui vient lui faire visite avant qu'elle parte, et qui lui dit :

— Vous paraissez bien heureuse, mademoiselle Blanche ?

— En effet, monsieur Robert, je suis bien heureuse aujourd'hui.

N'est-ce pas qu'il faut qu'une femme soit bien pure pour faire une telle réponse dans de telles conditions ?

CONFIDENCES FORCÉES.

SUITE.

XXXI.

Blanche était seule dans le salon du rez-de-chaussée quand Robert y entra, accompagné de Suzanne.

Comme nous venons de le dire, le jeune homme remarqua l'air joyeux de mademoiselle Pascal; mais ce que nous n'avons pas dit, c'est que lorsqu'elle lui eut répondu : « Oui, je suis bien heureuse, » il n'ajouta rien, et ne lui demanda pas tout de suite la cause de ce bonheur qui se manifestait si franchement.

Au contraire de la jeune fille, Robert devint soucieux, et s'assit dans un coin du salon, où, posant sa tête sur une de ses mains, il se mit à contempler silencieusement la sœur de Félicien.

Pendant ce temps, Suzanne courait embrasser Blanche, qui l'asseyait sur ses genoux.

Un certain changement s'était opéré

dans Robert depuis qu'il était admis dans la famille de Félicien.

Il s'était efforcé de faire oublier qu'il était un homme du peuple, un simple ouvrier, non pas qu'il rougît de l'état qu'il exerçait, il avait le cœur trop élevé pour cela, mais parce qu'il avait compris que plus il se rapprocherait de la position de ceux qui le recevaient, plus on aurait de plaisir à le recevoir, quoique madame Pascal, sa fille et Félicien, ne fussent pas gens à s'occuper beaucoup de l'extérieur d'un homme sur le cœur duquel ils savaient à quoi s'en tenir.

Robert était donc devenu presque coquet. Il arrangeait ses cheveux avec soin, mettait sa cravate sans négligence, portait une veste neuve d'une coupe gracieuse, une chemise de fine toile, un pantalon bien fait et des souliers presque fins. On n'eût jamais dit que ses mains maniaient la scie et le rabot, tant elles étaient devenues blanches, de hâlées qu'elles étaient.

Ce changement s'était fait presque sans que Robert y songeât, et comme instinctivement.

S'il n'y eût eu dans la maison que mademoiselle Pascal et Félicien, peut-être n'eût-il pas eu lieu ; mais Robert trouvait qu'on n'était jamais assez beau, ni assez élégant, quand on approchait de cette vivante perfection qu'on nommait Blanche.

Suzanne aussi se fût ressentie de cette métamorphose, si, comme on le sait, elle n'avait été depuis longtemps la plus élégante enfant à vingt lieues à la ronde.

Blanche n'avait pas été sans s'apercevoir de tout cela, et elle avait deviné qu'elle était la cause de la coquetterie du jeune homme; elle lui en avait su gré, car les femmes ont, même sans arrière-pensée, ce côté frivole de la reconnaissance.

Robert venait souvent faire visite à la famille Pascal, et, depuis le peu de jours qu'il la connaissait, une réelle intimité, grâce à la façon dont il avait fait leur connaissance, s'était établie entre lui et les membres de cette famille.

Il y a, en effet dans la vie, des événements si imprévus et si complets, qu'ils établissent, entre les gens qui y sont mêlés, une affection antérieure de vingt années au jour où ils se sont accomplis.

Cependant, si souvent que Robert fût venu voir madame Pascal et sa fille, il n'était pas venu aussi souvent qu'il en avait eu l'envie.

Quelquefois, après avoir quitté la maison de Félicien, il s'arrêtait à la porte, comme s'il eût eu regret d'en être sitôt sorti, c'est-à-dire après une visite de deux ou trois heures, et souvent il était revenu le soir même jusqu'à la grille, et s'en était retourné tristement, sans y être entré, après avoir réfléchi, en mettant la main sur la sonnette, qu'il est indiscret de faire, le même jour, deux visites sans cause.

Il lui était arrivé alors, pour avoir un prétexte de revenir, de laisser Suzanne avec Blanche, et il gagnait à cette petite politique une bonne causerie d'une heure, quand, le soir, il revenait chercher l'enfant.

Il ne pouvait donc pas manquer de venir faire ses adieux à mademoiselle Pascal avant qu'elle quittât le village; seulement il ne s'attendait pas à la trouver si joyeuse, quoiqu'il fût tout naturel qu'elle eût plaisir à aller rejoindre son frère.

Il est vrai que sa joie ne lui venait pas de là.

Et cependant, puisqu'elle avait été si triste quand Frédéric l'avait quittée pour aller à Paris, elle eût dû être triste à l'idée qu'elle le quittait pour quinze jours au moins.

Mais non, elle connaissait la cause de cette nouvelle séparation, tandis qu'elle ignorait celle du départ de son amant. Du moment que Frédéric était revenu, comme nous l'avons dit, c'est qu'il ne voulait pas l'abandonner : elle était donc certaine de le trouver au retour.

— Nous venons te dire adieu, fit Suzanne avec sa douce voix d'enfant, en jetant ses bras autour du cou de la jeune fille, et en collant un gros baiser bien rose et bien sonnant sur la joue de sa chère Blanche.

— Cela me fait du chagrin que tu t'en ailles, ajouta Suzanne.

— Pourquoi, chère petite?

— Parce que je t'aime bien et que je ne te verrai plus, et puis parce que Robert t'aime bien aussi, et que cela lui fait de la peine de ne plus te voir.

Blanche regarda le jeune homme en souriant.

Robert devint tout rouge.

— Suzanne a raison, dit-il, cela me

fait de la peine de ne plus pouvoir venir dans cette maison, où madame Pascal et vous, mademoiselle, me recevez si bien. Nous qui n'avons pas de famille, nous sommes si heureux quand on veut bien nous accueillir et nous aimer un peu !

— Mais nous reviendrons bientôt, monsieur Robert, et j'espère bien que vous reprendrez l'habitude de nous faire visite.

— Oui, mademoiselle, si vous le permettez.

Robert se tut et continua de contempler Blanche, qui jouait avec Su-Suzanne.

Tout-à-coup il se leva, et passant la main sur son front, il murmura :

— Je suis fou !

Et, s'approchant de la fenêtre, il regarda dans le jardin.

Blanche avait remarqué le mouvement du jeune homme et presqu'entendu les mots qu'il avait dits.

Elle déposa Suzanne par terre, et, se levant à son tour, elle vint à Robert :

— Qu'avez-vous donc, monsieur Robert, lui dit-elle, vous avez l'air d'avoir du chagrin ?

— Pas du tout, mademoiselle.

— Vous êtes triste, cependant. Allons, contez-moi ce que vous avez ; je vous consolerai peut-être.

— Contez-moi plutôt ce qui vous

rend si joyeuse, mademoiselle, répondit Robert ; ce sera le meilleur moyen que je sois consolé, si j'ai besoin de l'être.

— Mon frère, veux-tu que j'aille jouer dans le jardin ? dit Suzanne en tendant ses petites mains et en levant sa blonde tête vers Robert comme pour être plus sûre d'obtenir ce qu'elle demandait en joignant une caresse à sa demande.

— Oui, mon enfant, va jouer où tu voudras, dit Blanche en ouvrant elle-même la porte du salon à Suzanne et en l'embrassant.

Après quoi elle revint s'accouder à la fenêtre où s'appuyait Robert, mais sans répondre à la question qu'il lui avait faite, ou plutôt au désir qu'il lui avait témoigné de connaître la cause de sa joie.

C'était presque avouer que cette cause avait un côté mystérieux.

Robert n'en désira que plus la connaître, non par l'effet d'une vulgaire curiosité, mais parce qu'il lui semblait instinctivement que ce qu'il voulait savoir le regardait; puis quelque chose lui disait qu'il y avait un chagrin pour lui dans la joie de Blanche, et l'homme est toujours poussé malgré lui à rechercher ce qui doit lui faire de la peine.

Ce n'était pas par distraction que

Blanche ne répondait pas, elle réfléchissait, au contraire, se demandant si elle devait répondre.

Or, il y a des secrets que la femme, avec ce besoin de confidence et d'appui qui est en elle, a peine à tenir longtemps enfermés au fond de son cœur, même quand ces secrets concernent les choses les plus sérieuses et les positions les plus graves de la vie. La joie est, dans ces cas-là, une mauvaise conseillère; car la joie est expansive et amène l'aveu sur la bouche, sans que celle qui le fait comprenne comment il y est venu.

Après quelques instants de silence et de réflexions, Blanche regarda fixement Robert, comme pour s'assurer une dernière fois qu'elle avait affaire à un honnête homme, incapable de la trahir si elle lui confiait quelque chose.

— Oui, je suis heureuse, reprit-elle, j'ai besoin de le dire à quelqu'un, car la joie est difficile à porter à soi toute seule, et il n'y a que vous dans le monde à qui je puisse dire pourquoi je suis heureuse, car vous êtes mon ami, n'est-ce pas, monsieur Robert?

— Vous n'en doutez pas, je l'espère, mademoiselle, répliqua le jeune homme, et si au lieu d'un bonheur vous aviez un chagrin, et que ma vie pût vous être bonne à quelque chose, je pense que vous n'hésiteriez pas à me la demander, car moi je n'hésiterais pas à vous l'offrir, et cela, en souriant. Ne vous ai-je pas dit cela une fois? Je pense toujours de même.

— Oui, monsieur Robert, oui, je sais que vous m'aimez comme vous aimez Suzanne, et je vous suis bien reconnaissante de cette bonne et franche affection, née si vite et qui, j'y compte bien, durera longtemps.

Aussi je regarderais comme une mauvaise action de vous cacher la cause d'un bonheur qui m'arrive, quand vous me la demandez, et quand je suis sûre qu'elle sera enfouie dans votre cœur plus profondément encore que dans le mien.

Ce que je vais vous dire, nul ne le sait et nul, excepté vous, ne le saura avant quinze jours. Je me marie, monsieur Robert.

Le jeune homme devint pâle comme un marbre, si pâle, que Blanche le remarqua et lui dit :

— Qu'avez-vous donc ?

— Je n'ai rien, mademoiselle, répondit Robert avec calme.

— Vous êtes tout pâle.

— Oui, j'ai le sang au cœur, comme mon père, qui est mort d'un anévrisme, et, de temps en temps, sans raison, je me sens pâlir.

— Il faut soigner cela.

— Oh! qu'importe cela ou autre chose? Il faut toujours mourir d'une maladie; autant mourir de celle-là!

Et Robert, sentant qu'il étouffait, non par suite d'une douleur physique, comme il venait de le dire, mais par suite de ce qu'il venait d'entendre, fit deux ou trois tours dans la chambre en portant sa main de son cœur gonflé à ses yeux prêts à se remplir de larmes.

Chez les consitutions vigoureuses, les symptômes des douleurs morales sont presque les mêmes que chez les enfants. La nature est pleine de ces compensations-là.

CONFIDENCES FORCÉES.

SUITE.

XXXII.

Blanche regardait Robert avec étonnement, avec inquiétude même, car elle prenait au sérieux la raison qu'il lui donnait.

Cependant il triompha de son émotion, et, revenant auprès d'elle, il reprit :

— Pardonnez-moi cette question, mademoiselle; mais comment se fait-il que monsieur votre frère et madame Pascal ignorent une chose de cette importance, quand vous, vous la savez ?

— Voilà justement où est le secret, répliqua Blanche, et pourquoi il faut de la discrétion.

Blanche ne put s'empêcher de rougir aux premiers mots de cet aveu.

— Ainsi, vous épousez un homme que vous aimez? demanda Robert en tremblant, et avec cette âcre volupté qu'éprouve un blessé à irriter sa blessure.

— Oui.

— Et cet homme est jeune?

— Il a trente ans.

— Il est riche, sans doute?

— Oui, mais cela n'ajoute rien à mon amour.

— Vous l'aimez donc?...

Blanche fit un signe affirmatif.

— Et il vous aime?

— Oui.

— Avant de demander votre main, il vous a fait sa cour?

— Il voulu d'abord s'assurer si je l'aimerais.

— En effet, c'est un ami de votre famille?

— Non. Ni ma mère ni mon frère ne le connaissent.

Robert regarda Blanche avec étonment.

— Comment se fait-il, alors, demanda-t-il, que vous le connaissiez, vous, mademoiselle?

Blanche rougit, et commença à regretter sa confidence.

Elle avait cru qu'elle dirait à Robert :

J'épouse un homme qui m'aime et que j'aime, et qu'elle pourrait s'en tenir là.

Mais pour que Robert se contentât de cela, il eût fallu qu'il n'éprouvât point ce qu'il éprouvait pour Blanche, et voyant son embarras, il reprit :

— Comment se fait-il que vous le connaissiez, vous, mademoiselle?

— C'est par hasard, balbutia Blanche.

— Et vous avez parlé à cet homme?

— Deux ou trois fois, monsieur Robert, répondit-elle, car elle ne voulait pas dire toute la vérité, et cherchait encore à se tirer de la fin de son aveu avec des paroles en l'air ; mais elle avait affaire à un homme d'honneur, qui venait de s'apercevoir qu'il l'aimait à donner son âme pour elle, et qui, pris du pressentiment que la joie de cette jeune fille sans expérience pouvait cacher un malheur, était résolu à tout apprendre, dût ce qu'il apprendrait lui briser le cœur.

— Et deux ou trois fois vous ont suffi, reprit-il, pour savoir, et pour vous dire l'un et l'autre que vous vous aimiez et pour parler de mariage?

— Oui, monsieur Robert, répondit Blanche presque avec le ton suppliant d'une femme qui voudrait qu'on ne l'interrogeât plus.

— C'est agir bien rapidement, continua Robert, sans la quitter des yeux; c'est engager bien vite son amour et son avenir.

— Oh! je suis sûre qu'il m'aime! se hâta d'ajouter Blanche.

— Il est vrai qu'il ne faut pas vous

voir souvent pour vous aimer, mademoiselle; mais cependant, je vous le répète, il y a imprudence à donner son amour et sa main à un homme qu'on n'a vu que deux ou trois fois. Peut-être l'avez-vous vu plus souvent?

— Oui, en effet, je l'ai vu plus souvent.

— Mais, où le voyiez-vous, mademoiselle, puisque votre mère et votre frère ne le connaissent pas?

Blanche essaya encore de donner le change à Robert, mais la pauvre enfant ne savait pas mentir.

— Je le voyais à l'église.

— Et c'est là qu'il vous parlait?

Comment faisait-il, puisque madame Pascal ne vous quittait pas?

— C'est pourtant là que je le voyais.

Robert fit un mouvement.

— Et chez des amis, ajouta brusquement la jeune fille, mais sans oser lever les yeux sur l'ouvrier.

— Vous ne savez pas mentir, mademoiselle.

— Je ne mens pas.

— Si, répliqua-t-il d'un ton ferme, car c'est ici même que vous voyez cet homme.

— Comment le savez-vous?

— Vous voyez, pauvre enfant, que vous ne savez pas mentir.

Maintenant, Blanche, continua Robert en prenant la main de mademoiselle Pascal, il faut me dire la vérité.

— Oh ! jamais !

— Il le faut cependant, s'écria Robert plus pâle encore.

— Vous me faites peur, fit Blanche avec effroi ; je vous en supplie, ne me demandez plus rien.

— Écoutez, mademoiselle, reprit Robert avec émotion, après un moment de silence, c'est vous qui avez provoqué cette confidence que je ne vous demandais pas ; il est trop tard maintenant pour que vous reculiez ; au nom du ciel, dites-moi tout, ou je raconte à votre mère ce que je sais déjà.

— Vous ne ferez pas cela, vous m'avez juré de vous taire.

— Si vous me disiez toute la vérité, mais non si vous manquiez de confiance.

— Eh bien ! je vous dirai tout, mais vous garderez le silence.

— Je vous le jure. Parlez.

— Non, pas aujourd'hui, monsieur Robert.

— Elle est donc bien terrible, cette chose qui vous rendait si joyeuse, demanda Robert à voix basse. Oh ! Blanche ! Blanche ! j'entrevois un malheur dans votre vie. Cet homme est un misérable.

— Que dites-vous là ? mon Dieu !

— Voyons, Blanche, voyons, répondez-moi comme vous répondriez à Dieu, et le secret que vous verserez dans mon sein, je vous jure de nouveau que nul ne le connaîtra; mais, répondez-moi, sinon vous me laisserez supposer un plus grand malheur, une plus grande faute peut-être que la vérité.

— Je suis coupable, monsieur Robert, fit Blanche, qui ne put retenir ses larmes.

— Est-ce que je vous dis cela, mon enfant, est-ce que j'ai le droit de vous le dire d'ailleurs? Je suis votre ami, votre frère, et non votre juge.

Reprenez du calme et répondez-moi,

sans feinte, et surtout ne pleurez pas, je vous en supplie. Voulez-vous me répondre ?

— Oui, monsieur Robert, interrogez.

— Vous avez reçu cet homme ici ?
— Oui.
— Dans votre chambre ?
— Jamais.
— Dans le jardin alors ?
— Oui !
— Le soir, sans doute ?
— Le soir.

Robert hésita quelques instants avant de continuer cet interrogatoire.

Il eût été facile de voir que c'était autant pour lui-même que pour la jeune fille qu'il tardait à le reprendre ; car chaque pas qu'il faisait dans la vérité était une torture nouvelle pour lui.

Un instant, Blanche espéra qu'il s'en tiendrait là ; mais il reprit avec précaution, avec courage même :

— Vous pouvez tout me dire à moi qui n'ai aucun droit sur vous, mon enfant, car je ne suis ni votre mari, ni votre frère. Ce n'est donc que pour votre bien que je vous interroge, et ce que vous me direz sera mort pour les autres, je vous le répète.

Vous avez aimé cet homme tout de suite ?

— Oui. Les mots qu'il me disait étaient si nouveaux pour moi !

— Et vous lui avez avoué que vous l'aimiez ?

— Oui.

— Et...

— Assez, monsieur Robert, assez ; je vous en prie, s'écria Blanche en tombant aux pieds du jeune homme.

Et, en parlant ainsi, Blanche cachait sa tête dans ses deux mains.

Robert avait bien souffert quand ses parents étaient morts, car il les aimait comme aiment tous les grands cœurs, mais il n'avait jamais souffert comme il souffrait en ce moment.

— Qui sait si le malheur s'arrête là ? murmura-t-il ; puis il ajouta plus haut :

— Ainsi, vous appartenez à cet homme?

— Je n'ai pas dit cela.

Robert espéra qu'il s'était trompé.

— Dites-vous vrai, Blanche, s'écria-t-il, en la relevant et en lui prenant les mains, oh! dites-moi que vous n'appartenez pas à cet homme.

Blanche ne répondit rien ; elle pleurait silencieusement.

— Ainsi ce mariage, fit Robert d'une voix faible, en se laissant tomber sur une chaise, car il n'avait plus la force de se tenir debout, ainsi ce mariage n'est qu'une réparation?

— Oh! il m'aime; il m'a juré qu'il m'épouserait.

— Enfant !

— Vous en doutez ?

— Oh ! je doute de tout maintenant !

— C'est un reproche que vous me faites, et vous m'aviez promis de ne pas m'en faire.

— Pardon. Ainsi, cet homme, vous l'aimez ?

— Mon amour est ma seule excuse, Robert !

— Pourquoi ne vous épouse-t-il pas tout de suite, s'il vous aime ?

— Oh ! c'est un bon sentiment qui lui fait retarder notre mariage. Il veut que ce soit mon frère qui nous marie, et il ne veut pas en ce moment distraire Félicien de ses vœux et de la religion.

Mais il m'a promis de tout lui avouer le jour même où il serait ordonné prêtre, afin, m'a-t-il dit, que, comme chrétien, il soit forcé de pardonner ce que, comme frère, il ne pardonnerait peut-être pas.

— C'est bien, Blanche, répondit Robert forcé d'appuyer sa main sur sa poitrine pour respirer ; cet homme est peut-être un honnête homme après tout, mais faites-moi un serment.

— Lequel?

— Jurez-moi que si, avant que M. Félicien soit prêtre, cet homme revient sur sa parole, vous me ferez connaître son nom et ne direz rien ni à votre frère ni à madame Pascal de tout ce que vous venez de me dire.

— Pourquoi ce serment? Et que ferez-vous quand vous saurez son nom?

— Croyez-vous à mon amitié, mademoiselle, et à mon honneur ?

— Aveuglément.

— Que vous importe alors ce que je ferai?

— Eh bien ! je vous promets de vous dire ce nom, si ce que vous craignez arrive.

Robert tendit la main à la jeune fille, en lui disant :

— Essuyez vos yeux, mademoiselle, votre mère peut descendre d'un instant à l'autre, et il faut qu'elle ignore le sujet de vos larmes.

Robert fit un mouvement pour quitter le salon, Blanche le retint.

— Vous me méprisez, maintenant? lui dit-elle.

— Vous mépriser, Blanche, vous? s'écria le jeune homme. Oh! non.

Et prenant la tête de la belle enfant dans ses deux mains, il l'embrassa avec force et sortit brusquement pour ne pas lui donner le spectacle de l'étrange émotion qui l'étouffait.

Puis, prenant Suzanne dans ses bras, il quitta la maison de madame Pascal, et courut comme un fou jusque chez lui.

Arrivé dans sa chambre, il se laissa

tomber sur son lit et s'écria, en donnant un libre cours à ses larmes :

— Ma bonne petite Suzanne, ma sœur adorée, je suis bien malheureux!

L'enfant cacha sa tête dans le sein de son frère, et, voyant les grosses larmes qui tombaient de ses yeux, elle se mit à pleurer aussi.

SUZANNE.

XXXIII.

Lorsque Blanche fut seule, et se rappela quelle confidence elle venait de faire à Robert, elle fut épouvantée et se demanda comment cela était arrivé.

La douee enfant, habituée à vivre dans sa conscience, n'avait su ni cacher sa joie, ni cacher sa faute, et elle eût fait à tout autre l'aveu que venait de recevoir le frère de Suzanne.

Seulement, cet aveu fait à un autre que Robert, eût été un malheur pour Blanche, tandis qu'elle connaissait assez le jeune homme pour être sûre qu'il ne trahirait pas une syllabe de ce secret, dont elle commençait maintenant à sentir la terrible importance.

Mademoiselle Pascal comprit par l'effet que cette confidence avait produit sur Robert, c'est-à-dire sur un étranger, car elle ignorait les véritables sentiments de l'ouvrier pour elle, quel effroyable bouleversement elle eût causé dans le cœur et dans la vie de son frère ou de sa mère, si l'un des deux l'eût surprise.

Elle gagna donc à cette confidence faite, d'abord de faire porter à un ami la moitié d'une pensée lourde et ensuite de comprendre qu'il fallait qu'à tout prix Félicien et madame Pascal ignorassent jusqu'à l'époque où elle devait la leur apprendre, cette partie de son passé.

Une autre pensée acheva de rassurer Blanche et de la convaincre que c'était un bonheur pour elle d'avoir mis son secret dans le sein d'un honnête homme. Elle voyait dans Robert, plus qu'un confident, elle voyait un appui, et si un malheur lui arrivait, elle entrevoyait le droit de dire au jeune homme : c'est à vous de me sauver, et elle était instinctivement persuadée qu'il la sauverait.

Cependant les craintes que Robert avait manifestées pour l'avenir et au sujet desquelles il avait exigé un serment de la part de la jeune fille, ébranlaient un peu la confiance que Blanche avait en Frédéric, et lui faisaient voir à quel fil léger son honneur était suspendu.

Elle eût donc voulu avoir une entrevue avec son amant et puiser un peu de foi aux paroles du comte, mais elle partait dans deux heures et n'avait nul moyen, ni de se rendre chez Frédéric, ni de lui écrire sans se compromettre.

Alors il lui fallut bien se contenter d'évoquer les promesses qu'il lui avait faites et raccrocher son espérance à ses souvenirs.

Quand madame Pascal descendit auprès de sa fille, celle-ci avait eu le temps de se calmer, et sa mère ne put rien deviner de ce qui avait eu lieu. Elle s'étonna cependant que M. Robert ne fût pas venu la voir, elle et Blanche, avant qu'elles partissent.

Mais Blanche, qui n'avait aucune raison de cacher à sa mère la visite du jeune homme, lui dit qu'il était venu et qu'il l'avait chargée de lui faire ses compliments de départ.

Nous avons dit plus haut que le cœur de la femme est plein de confiance ; c'est ici le cas de le répéter.

Plus elle réfléchissait à la scène du matin, plus Blanche remerciait Dieu de l'avoir fait naître : elle s'appuyait maintenant des deux côtés, et elle sentait que si l'un des deux venait à lui manquer, l'autre ne lui ferait pas défaut.

Vers trois heures, elle partit pour Niort avec sa mère.

Robert n'avait pu résister au désir de la voir encore une fois, et au moment où elle montait en voiture, il vint à elle et lui serra la main, en disant à madame

Pascal que, n'ayant pas voulu la déranger le matin, il était venu l'attendre à la voiture, pour la prier d'offrir à Félicien de nouveaux témoignages de sa vive sympathie.

Il échangea avec la jeune fille un signe qu'elle seule pouvait comprendre, et qui était un nouvel engagement de dévoûment et de discrétion.

La voiture partit.

Le même jour les deux femmes étaient à Niort, et Félicien se jetait dans leurs bras.

— Je suis heureux, ma mère, fut le premier mot que le jeune homme dit à madame Pascal, dans le parloir où il la reçut, ainsi que Blanche.

La jeune fille regardait autour d'elle.

Cette austérité tranquille des longs corridors, que troublait de temps à autre le pas d'un élève, ces voûtes sonores, dont la prière seule avait le droit de frapper l'écho, ces grands murs blancs, sur lesquels apparaissait de distance en distance un grand Christ d'ébène ou d'ivoire, ces stalles de bois poli, régulièrement adossées au mur, ces lampes de fer suspendues entre les arcades, la vie monacale enfin, qui lui apparaissait dans toute la rigidité de ses devoirs, tout cela jetait la sœur de Félicien dans une profonde rêverie, car cet avenir cloîtré était un de ses avenirs possibles.

Aussi se disait-elle :

— Oui, le cloître doit être un doux asile pour l'âme quand elle y entre par la vocation, mais ce doit être dans le premier temps un abri difficile, quand elle y arrive par le repentir. Oui, il doit être heureux ici, celui qui, comme mon frère, n'a eu que les pures ambitions de l'étude religieuse, et que les tranquilles désirs d'un cœur voué à Dieu.

Mais quand un instant on a cru aux autres félicités de ce monde, quand on les a laissées pénétrer dans son cœur et qu'on les a vues s'enfuir comme des voleurs, emportant toutes vos illusions et vous laissant seuls dans le désert de vos souvenirs et de vos croyances, quand la prière n'est plus qu'une réparation, quand le cloître n'est plus que le refuge d'une faute, oui, il doit y avoir des heures douloureuses pour celle qui vient s'y cacher et qu'y suit, malgré elle, un rayon de sa vie d'autrefois. La lutte est longue, sans doute, entre ce passé exigeant et ce calme avenir. Mais Dieu l'emporte à la fin et garde dans le trésor de sa clémence, pour celle qui se repent, la consolation ou tout au moins l'indifférence du passé.

— A quoi songes-tu, Blanche? demanda Félicien à sa sœur, car la méditation de la jeune fille était visible pour tout le monde.

— A toutes les choses qui frappent l'esprit, mon frère, quand on entre dans un lieu comme celui-ci.

Félicien fit visiter à sa mère et à Blanche les longs corridors, les salles immenses, les escaliers silencieux du pieux monument.

De temps à autre, il rencontrait un de ses frères en Dieu qui le saluait d'une inclination de tête, et Blanche regardait avec une curiosité mêlée d'intérêt ces jeunes hommes qui avaient brusquement fermé la porte de leur cœur aux choses de la vie. L'un d'eux cependant rougit en voyant la jeune fille; et, quand il fut passé, il se retourna pour la regarder encore, puis il disparut dans l'angle du corridor.

Qui sait quelles pensées emportait avec lui cet homme de vingt ans, aux yeux noirs, aux lèvres rouges, qui allait se consacrer à l'Église et que faisait tressaillir le bruit d'une robe de femme.

Après tout, il n'y a victoire que quand il y a lutte.

Madame Pascal et sa fille restèrent avec Félicien jusqu'à l'heure du dîner, moment auquel elles prirent congé de lui, en lui promettant de le venir voir le lendemain.

Toutes deux rentrèrent à l'hôtel, l'une joyeuse d'avoir vu son fils heureux, l'autre, l'esprit plongé dans un ordre d'idées nouvelles et tristes même, car rien n'est plus triste quand on laisse derrière soi ceux que l'on aime, que ces chambres d'auberge aux murs froids, aux aspects inaccoutumés, dans lesquelles la vie semble mal à son aise, où l'on se sent entouré de gens insensibles à votre joie comme à votre douleur, et qui n'ont pour vous qu'une affectuosité de passage, cotée à un certain chiffre, qu'ils mettent et qu'ils rejettent avec les draps du lit.

Blanche n'était pas tout-à-fait dans ces conditions-là, me direz-vous, puisqu'elle avait sa mère auprès d'elle.

Certes, Blanche aimait sa mère, et cependant elle eût préféré être seule dans cette chambre d'auberge, car, seule, elle eût pu donner audience à toutes ses pensées, et verser dans une lettre le trop-plein de tristesse qu'elle était forcée de repousser au fond de son cœur et qui l'étouffait par moments; tandis qu'au contraire, il lui fallait écouter ce que lui disait sa mère, toutes choses auxquelles, dans une autre circonstance, elle eût pris au moins cet intérêt respectueux que doivent les enfants aimants aux paroles de leur mère, si frivoles qu'elles leur paraissent, mais auxquelles, dans la position où elle se trouvait, Blanche eût bien voulu ne pas répondre.

Jusqu'à dix heures du soir, madame

Pascal parla de son fils à Blanche, et Blanche l'entendit, si elle ne l'écouta point.

Blanche ne dormit point.

Elle passa la nuit à écrire à Frédéric et à chercher un moyen de lui faire tenir cette lettre, mais le jour vint sans qu'elle l'eût trouvé. Rien n'est plus difficile à trouver en effet que ces petits moyens dont ont besoin les grandes questions de la vie, que ces petits ressorts du grand mécanisme moral.

Cette longue lettre où Blanche avouait à son amant cette vérité qui n'était encore connue que d'elle, c'est-à-dire que sa faute aurait un jour une preuve vivante, cette lettre qui, si elle tombait en d'autres mains que celles du comte, pouvait tuer deux personnes d'un seul coup, elle n'ôsait naturellement la confier à personne et la cachait dans son sein, sans savoir qu'en faire.

A onze heures, madame Pascal et Blanche étaient à table quand on frappa à la porte.

Madame Pascal se leva et alla ouvrir.

— Monsieur Robert, s'écria-t-elle, vous ici !

Blanche devint pâle.

Depuis que le jeune homme était devenu son confident, elle pouvait craindre qu'il ne devînt le messager d'un malheur.

Mais Robert souriait de façon à lui faire comprendre qu'il n'apportait aucune mauvaise nouvelle ; et cependant elle vit bien que c'était pour elle qu'il était venu à Niort.

Naturellement, Suzanne accompagnait le jeune homme, et l'enfant quitta son frère pour aller se jeter dans les bras de Blanche.

—Comment se fait-il que vous soyez à Niort, monsieur Robert? demanda madame Pascal à l'ouvrier, tout en le faisant asseoir à côté d'elle.

— J'ai une affaire à terminer ici, madame, répondit Robert, et j'ai voulu profiter du moment où vous y êtes pour y venir. Je vous savais seule avec mademoiselle Blanche. Deux femmes seules sont toujours exposées à un danger quelconque, surtout dans une ville où elles ne connaissent personne.

J'avais donc hâte de me mettre à votre disposition et de voir si je pouvais vous être bon à quelque chose. Puis, je désirais voir M. Félicien, que j'aime de tout mon cœur, et que nous attendons tous avec bien de l'impatience à Moncontour.

En parlant ainsi, Robert regardait

mademoiselle Pascal, regard qui voulait dire que de toutes les raisons qui l'avaient fait partir, la plus sérieuse et la plus vraie était celle qu'il ne disait pas.

— Et vous êtes descendu dans cet hôtel ? demanda Blanche.

— Oui, mademoiselle.

— Y avez-vous retenu un appartement ?

— Pas encore. D'ailleurs, il ne me faut qu'une chambre, à moi.

— Oui, car nous garderons Suzanne avec nous, tout le temps que vous resterez à Niort. Ma mère, rends à M. Robert le service d'aller lui choisir une chambre commode.

— Ne prenez pas cette peine, madame, fit Robert en se levant; mais Blanche lui fit signe de se rasseoir, et que c'était avec intention qu'elle éloignait sa mère.

Robert se rassit.

— Vous devez être fatigué, reposez-vous, dit madame Pascal, Blanche a raison, je me charge de vous installer. N'êtes-vous pas comme mon enfant, monsieur Robert, vous qui m'avez conservé les miens?

— Eh bien! mademoiselle, demanda Robert à Blanche, quand madame Pascal se fut éloignée, vous n'avez encore rien à me dire?

— Rien, monsieur Robert.

— J'avais de sinistres pressentiments, et voilà pourquoi je suis parti. Vous l'avez compris, sans doute.

Rappelez-vous, mademoiselle, que vous m'avez juré de me dire le nom de cet homme si cet homme manque à ses serments.

— Oui, Robert, fit Blanche en tendant la main au jeune hommme. Oui, je me le rappelle. Mais grâce à Dieu, je pense que je ne mettrai pas votre bonne amitié à l'épreuve, et que vous apprendrez ce nom en même temps que tout le monde.

— Quel nom? demanda Suzanne, avec cette éternelle curiosité des enfants devant lesquels on cause sans se défier d'eux.

— Le nom d'une dame chez qui l'on te mènera jouer, lui répondit Robert.

— Tu disais que c'était un homme? fit Suzanne.

— Je me trompais, chère enfant.

Et Robert embrassa sa sœur comme réponse dernière et concluante.

— Ne parlez pas devant cette enfant, lui dit tout bas Blanche, et rendez-moi un service.

— Lequel?

— Accompagnez ma mère au séminaire, afin que je reste seule.

— Avez-vous donc quelqu'un à recevoir? demanda Robert d'une voix tremblante.

— Non, mon ami, mais j'ai quelque chose à faire.

— Vous me pardonnez mon arrivée ici, Blanche?

— Non-seulement je vous la pardonne, mais encore je vous en suis reconnaissante.

Ne dois-je pas être heureuse de sentir à côté de moi quelqu'un qui m'aime, et qui, au besoin, me protégerait comme sa sœur? car, rappelez-vous cela aussi, Robert, vous m'avez promis votre protection.

— Et je vous la promets encore, mademoiselle. Quoi qu'il arrive, comptez sur moi.

— Voici ma mère!

— Vous avez une chambre magnifique, dit madame Pascal en entrant et en s'adressant à Robert, le n° 11; j'y ai fait transporter votre malle.

— Merci, madame, merci mille fois.

— Maintenant il est temps d'aller voir Félicien, continua la mère, qui regardait comme temps perdu le temps qu'elle ne passait pas auprès de son fils.

— Et je vais vous accompagner au séminaire, fit Robert.

— Avec Blanche?

— Non. Mademoiselle Blanche se

sacrifie aujourd'hui pour moi, et reste avec Suzanne, que nous ne pouvons emmener, et qui ne peut rester seule.

— A merveille! fit madame Pascal. Alors, monsieur Robert, partons bien vite. A bientôt, Blanche.

La mère et la fille s'embrassèrent.

Blanche remercia Robert du regard, et resta seule avec Suzanne.

SUZANNE.

SUITE.

XXXIV.

Elle se mit alors à la fenêtre, suivit quelque temps des yeux madame Pascal et le jeune homme, qui se retournèrent pour lui sourire, et, les ayant perdus de vue, elle rentra dans la chambre, alla fermer la porte de peur de surprise, relut la lettre qu'elle avait écrite, et ne la trouvant pas suffisante à rendre ses impressions, car son âme était pleine, elle prit du papier et une plume, et ajouta deux autres pages aux quatre premières.

Suzanne était restée à la fenêtre à regarder passer les promeneurs, les rares promeneurs, car on ne se promène pas beaucoup à Niort, surtout à onze heures du matin.

Tous ses doutes, toutes ses craintes, toutes ses espérances, Blanche les retrouvait dans sa première lettre ou les répétait dans l'autre, et sa plume courait rapidement sur le papier.

Toute aux pensées qui l'agitaient, elle oubliait parfois qu'elle n'était pas seule, et disait tout haut les mots qu'elle écrivait, si bien que deux ou trois fois Suzanne se retourna, croyant que Blanche lui adressait la parole.

Enfin, l'enfant qui, comme tous les enfants, s'ennuyait vite d'une même chose, quitta la fenêtre et vint poser sa petite tête blonde sur l'épaule de Blanche.

— Oh! comme tu écris vite, lui dit-elle.

Blanche se retourna, l'embrassa sur le front, et lui dit :

— Laisse-moi finir ma lettre et nous jouerons.

— En as-tu pour longtemps encore ?

—Non. Dans un quart-d'heure j'aurai fini.

Blanche s'était remise à écrire.

—A qui donc écris-tu comme cela, à ton frère? lui demanda Suzanne, après une minute de silence.

—Oui.

—Tu aurais dû écrire avant que ta mère s'en aille, elle lui aurait remis ta lettre, puisqu'elle va le voir.

—Elle la lui remettra demain.

—Ce n'est donc pas pressé?

—Non.

Personne n'a plus de logique dans l'esprit que les enfants. Si vous ne l'avez pas encore observé, observez-le.

— Si ce n'est pas pressé, pourquoi écris-tu si vite ? reprit Suzanne.

Blanche ne trouva rien à répondre à cela. En effet il n'y avait rien à répondre.

— Moi aussi, je sais écrire, ajouta Suzanne ; et, prenant une plume et du papier, elle jeta les yeux sur la lettre de Blanche, afin d'y lire un mot qu'elle pût copier.

Elle tomba sur le mot : Désespoir, qui se trouvait dans cette lettre, et qui devait naturellement s'y trouver.

— Désespoir ! dit l'enfant, en appuyant sur chaque syllabe, comme pour en faire sortir leur signification, qu'est-ce que cela veut dire ?

— Cela veut dire, répondit Blanche,

avec cette patiente douceur qui la caractérisait, cela veut dire une chose qu'heureusement tu ne connais pas encore; cela veut dire : chagrin sans espérance.

— Comme Robert, alors.

— Comment, comme Robert?

— Oui.

— Robert a donc un chagrin?

— Un grand chagrin, dit Suzanne tout bas et confidentiellement.

— Qui t'a dit cela?

— Je l'ai vu.

— Quand?

— Hier.

— Hier !

— Oui, quand il est revenu de chez toi.

— Qu'a-t-il donc fait ?

— Il m'a prise dans ses bras, et il s'est mis à pleurer beaucoup, beaucoup, en disant : Ma pauvre Suzanne, que je suis malheureux ! Alors, moi aussi, j'ai pleuré ; mais je ne sais pas pourquoi il pleurait, lui.

— Qu'est-ce que cela signifie ? murmura Blanche, qui tremblait de soupçonner la vérité.

— Qu'a-t-il fait ensuite ? demanda-t-elle à Suzanne.

— Ensuite il a été à l'armoire, et il y a pris ses habits neufs. Tu ne les connais pas, ses habits neufs. Oh ! ils étaient bien jolis, et il les a jetés dans un coin en disant : Maintenant, c'est inutile, et il a recommencé à pleurer.

Sais-tu pourquoi, toi? Dis-le-moi, si tu le sais.

— Voyons, ma petite Suzanne, fit Blanche, en prenant l'enfant sur ses genoux, et en abandonnant sa lettre ; voyons, réponds à ce que je vais te demander.

—Demande.

— Quand ton frère avait-il commandé ces habits?

— Il y a quelques jours.

— Depuis qu'il nous connaît, ma mère et moi?

— Oui. Et je crois bien que c'est pour venir vous voir qu'il les avait fait faire. Il avait dit au tailleur : Je les veux tout de suite, tout de suite !

— Pauvre Robert ! fit Blanche, qui commençait à comprendre.

— Tu le plains... c'est bien cela, dit Suzanne en embrassant mademoiselle Pascal.

— Continue.

— Que veux-tu que je te dise de plus?

— Qu'as-tu vu faire encore à ton frère ?

— Il lisait beaucoup.

— Que lisait-il ?

— Il lisait des livres d'histoire, de géographie qu'il avait achetés pour moi.

— Et pourquoi lisait-il ces livres?

— Pour s'intruire.

— Et pourquoi s'instruisait-il?

— Il me l'a dit.

— Eh bien! dis-le-moi?

— C'était parce qu'il voulait être aussi savant que toi ; et il était devenu coquet : il restait tous les matins au moins une heure devant sa glace à mettre sa cravate et à arranger ses cheveux, surtout quand nous venions te voir. Et puis...

— Et puis, quoi?

— Mais il ne faut pas lui dire ce que je dis là, il me gronderait.

— Je ne lui en parlerai pas, sois tranquille.

— Tu me le promets?

— Je te le promets.

— Eh bien ! quelquefois il me prenait sur ses genoux et il me disait : Suzanne, si tu avais une petite maman, comme mademoiselle Blanche, serais-tu contente? Et moi je lui disais : Oh! oui, je serais bien contente! et c'est vrai, car je t'aime bien.

Et l'enfant prenant la tête de Blanche dans ses deux petites mains, collait ses lèvres roses sur les joues de la jeune fille.

— Et hier il ne t'a plus rien dit de tout cela?

— Non. Il a pleuré, il a jeté ses livres et ses habits, et il n'a pas arrangé ses cheveux de toute la journée. Il n'a pas mangé non plus. Le soir, il m'a couchée et il s'est couché aussi. Et puis, quand je dormais, il m'a réveillée et il m'a dit : Nous partons.

Alors il a fait mon paquet, il a fait atteler une voiture, il m'a mis un manteau et nous sommes partis.

Cela t'amuse donc que je te raconte cela?

— Oui, cela m'amuse, chère enfant, dit Blanche avec émotion ; mais il ne faut pas que Robert sache que tu me l'as dit, cela le contrarierait.

Pauvre Robert ! ajouta-t-elle tout bas, quelle peine j'ai dû lui faire hier !

— Qu'est-ce que tu dis, Blanche?

— Rien, enfant, rien. Va jouer.

— Tu vas écrire encore ?

— Oui.

— Veux-tu me laisser copier le mot : désespoir, puisque je sais ce qu'il veut dire maintenant.

Et Suzanne, comme toujours, joignait une petite mine gracieuse à sa demande pour obtenir ce qu'elle demandait.

Blanche la regarda, et devant cette touchante naïveté de l'enfant, elle se sentit émue :

— Non, je vais déchirer cette lettre, dit-elle.

— Oh ! c'est dommage !

En effet Blanche déchira la lettre, en jeta les morceaux par la fenêtre, revint s'asseoir, et prenant la sœur de Robert sous son bras, elle se mit à songer profondément, si profondément, qu'une heure après, elle était encore dans la même position, et que, lorsque Robert et madame Pascal rentrèrent, ils furent forcés de frapper deux fois pour qu'elle vînt leur ouvrir la porte.

Bien des choses pendant cette heure-là, avaient passé dans l'esprit de la jeune fille; aussi fut-ce avec une sérieuse émotion qu'elle regarda Robert dont, maintenant, elle se savait aimée.

Car rien n'est plus intéressant pour le cœur d'une femme que la découverte d'un pareil secret, même quand elle n'aime pas celui qui cache ce secret à tous les yeux; même quand, comme

Blanche, elle aime un autre homme.

Malgré elle, alors si son âme a quelque loyauté, elle se sent prise d'une affection soudaine ou tout au moins d'une touchante pitié pour ce cœur qu'elle a blessé sans le vouloir et qu'involontairement elle fait et fera souffrir encore.

Quand une femme peut se dire avec certitude, en voyant passer un homme qui ne lui a jamais dit un mot d'amour et qui croit n'avoir que lui seul pour confident :

— Cet homme m'aime, et tout ce qui n'est pas moi, n'est rien pour lui, croyez-moi, cet homme joue déjà un grand rôle dans la pensée et dans l'orgueil de cette femme, et tôt ou tard il prendra, s'il veut, une large place dans sa vie.

Blanche était comme toutes les femmes; et vous l'avez vu, elle avait déjà, à propos de Robert, laissé aller son cœur à une louable superstition, puisque le jour où elle apprenait l'amour du jeune homme pour elle, elle ne se sentait pas le courage de continuer la lettre qu'elle écrivait à celui qu'elle aimait.

L'AMOUR DE ROBERT.

XXXV.

Toute la soirée Blanche étudia Robert, tantôt silencieux, tantôt expansif, tantôt souriant, tantôt triste et se rendant compte maintenant de cette joie ou de cette tristesse.

— Que le cœur est égoïste, se disait-elle ; comment se fait-il que dans les regards de Robert je n'aie pas depuis longtemps deviné l'amour qu'il ressent pour moi. C'est que je pensais à Frédéric. Frédéric m'aime aussi, et cependant ce n'est pas ainsi qu'il est avec moi.

Est-ce que Robert m'aimerait autrement que Frédéric ne m'aime ?

Est-ce qu'il y a plusieurs manières d'aimer ?

Et pour répondre à cette question, qu'elle s'adressait à elle-même, l'innocente jeune fille était bien forcée de comparer entre eux les deux amours qu'elle avait fait naître.

Alors, elle voyait l'un rapide, emporté, brûlant ; l'autre, discret, timide, dévoué.

Le premier insatiable, dominateur, portant le trouble dans les sens, demandant des preuves pour croire, ne se contentant pas de l'âme, exigeant le corps, ayant besoin de l'ombre et du mystère, commençant par une faute, menant au remords peut-être.

Le second, au contraire, fait d'une admiration muette, d'une contemplation pieuse, donnant à celui qui l'éprouve des coquetteries virginales et des timidités d'enfant, se faisant plein de respect pour celle qui le lui inspire, et accompagné d'une loyauté telle, qu'il n'ose même pas se manifester par un regard, et s'abrite derrière le silence; si pur, si naturel, qu'il a pour confidente une enfant de dix ans, c'est-à-dire un ange.

Depuis quelques jours Blanche en était arrivée aux réflexions.

— Lequel de ces deux amours est le plus vrai? se demanda-t-elle. Est-ce celui qui se tait? Est-ce celui qui parle? Celui qui se tait est le plus respectueux, celui qui parle est le plus violent.

Blanche sentait bien que devant son estime, Frédéric était inférieur à Robert, aussi cherchait-elle des excuses à son amour et à sa faute, car l'excuser lui, c'était s'excuser elle-même.

— La timidité de Robert lui vient de sa position, se dit-elle, comme la hardiesse de Frédéric lui vient de la sienne. Robert est un homme du peuple, Frédéric est un homme du monde. Robert est à peu près ignorant, il est d'une classe inférieure à moi, il aurait eu de la peine à exprimer ce qu'il éprouvait, tandis que Frédéric peut mettre l'éloquence et l'entraînement de sa parole au service de son cœur.

Robert eût eu crainte de m'offenser en m'avouant son amour, et Frédéric m'honorait presque en m'offrant le sien. Et cependant Robert m'avait sauvé la vie, et ce service-là le faisait mon égal.

Eh bien, qui sait si ce n'est pas ce service rendu qui a retenu son aveu, qui sait si, ayant droit à ma reconnaissance, il n'aurait pas regardé comme une indélicatesse, comme une déloyauté de se croire des droits à mon amour.

Ainsi, plus Blanche cherchait des raisons à la conduite de Frédéric, plus elle en trouvait à l'éloge de celle de Robert.

Elle n'en continua pas moins ses recherches, et avec cette teinte de mélancolie que sa position déjà exceptionnelle et que les réflexions qu'elle faisait devaient jeter dans ses pensées, elle se dit, tout en caressant la blonde tête de Suzanne qui dormait sur ses genoux, tandis que Robert causait avec madame Pascal à l'autre bout de la chambre :

— Cependant il y a une chose qui doit inspirer le même respect et la même réserve à tous les hommes de cœur, nobles ou non, c'est la pudeur d'une jeune fille, c'est son honneur, c'est sa réputation, c'est l'amour même qu'elle vous inspire.

Quand on veut faire d'elle sa femme, on doit la respecter assez pour ne pas faire d'elle sa maîtresse, car si on l'épouse après sa faute, on aura toujours cette arrière-pensée qu'elle eût pu céder à un autre, comme elle vous a cédé. Que je suis folle !

Je calcule là sans faire la part de la passion, de l'emportement de la jeunesse, de l'amour enfin que j'ai subi moi-même et qui m'a fait oublier la pudeur, le plus saint des devoirs.

Mais si Robert eût osé m'avouer son amour, il ne m'eût pas demandé ce sacrifice, lui, il m'eût dit naïvement :

« Blanche, je vous aime; voulez-vous être ma femme, voulez-vous servir de mère à ma petite Suzanne, voulez-vous être avec elle toute ma vie et toute mon espérance? »

Voilà ce qu'il m'eût dit, le brave cœur ; et si j'eusse accepté, il eût dansé de joie, et il n'eût peut-être pas osé demander après le mariage ce que Frédéric a exigé avant. Mais il faut dire aussi que j'aime Frédéric et que je n'aime pas Robert. Oh! oui, j'aime Frédéric!

Blanche se dit cette dernière phrase comme si elle eût eu besoin de se convaincre que ce sentiment était bien réel, comme si elle eût douté d'elle-même enfin; et aussitôt elle évoqua, pour s'en faire un appui plus solide encore, le souvenir de ses entrevues avec son amant, des paroles qu'il lui disait, enfin de toutes les raisons que le cœur d'une femme peut avoir eues de se livrer à un autre cœur.

Elle descendait dans son esprit la pente de ses souvenirs, quand elle s'aperçut tout-à-coup qu'ils étaient remplacés sans efforts, par le souvenir de ce que lui avait dit Suzanne, et que c'était à ce dernier qu'elle souriait intérieurement.

— Qui sait, se dit-elle alors, c'eût peut-être été le bonheur. Une existence tranquille à côté d'un homme simple, qui m'eût aimée à deux genoux, et qui toute sa vie eût été fier de moi ; car pour lui, ouvrier obscur, j'eusse été un bonheur inespéré. Nous serions restés à Montcontour auprès de ma mère qui eût été la sienne, auprès de mon frère qui nous eût protégés de sa constante prière et de sa fervente religion.

Au lieu de cela, quand je serai la femme de Frédéric, qui est noble, qui est riche, il m'emmènera hors de ce village, loin de ma famille, loin de mes douces habitudes d'enfance et de jeunesse, loin enfin de cette vie intérieure pour laquelle je suis si bien faite. Il me conduira dans un monde que je ne connais pas et que je n'eusse pas désiré connaître.

Enfant que je suis : tout ne sera-t-il pas doux et joyeux avec l'homme que j'aimerai, et j'aime Frédéric et il m'aime?

Dix heures! Voici l'heure de nos rendez-vous; qu'il doit être triste en ce moment. Quinze jours sans nous voir. Quinze jours pendant lesquels je pourrais mourir, et je mourrais sans qu'il fût là. C'est affreux à penser.

Mais pourquoi n'est-il pas ici? Qui l'eût empêché de me suivre. Nul ici ne le connaît, nul ne sait que je l'aime. Il fût venu se loger en face de nous. Je l'eusse vu de temps en temps. Parfois j'aurais pu lui serrer la main peut-être. Je l'aurais rencontré dans la rue, à l'église; un regard de lui eût fait une journée heureuse.

Rien n'empêchait que cela fût ! Pourquoi cela n'est-il pas? Robert m'a bien suivie, lui ; Robert que je n'aime pas ; Robert qui sait que j'en aime un autre ; car, hélas ! il sait tout ; Robert n'a pu se faire à l'idée de rester vingt-quatre heures sans me voir, et Frédéric que j'aime accepte de passer quinze jours loin de moi, et son cœur ne lui conseille pas ce que Robert a fait.

C'est étrange ! Il ne m'aime donc pas autant que Robert m'aime ; serait-il donc vrai que l'homme auquel on s'est donnée ne vous aime plus autant que celui qui n'a reçu rien de vous?

Ainsi, de ces deux hommes qui m'aiment, celui qui m'oublie, c'est celui à qui j'appartiens ; celui qui se souvient et qui protége, c'est celui que je n'aime pas, qui ne peut être que mon frère, qui est le confident de ma faute, et qui, cependant, vient mettre sa vie à ma disposition.

Car, enfin, que fait-il ici? Il y est venu dans la crainte d'un malheur ; il soupçonne celui qui occupe dans mon cœur la place qu'il y a ambitionnée un instant, capable de me tromper et de m'abandonner, et il veut être là pour savoir tout de suite le nom de cet homme, pour lui en demander raison sans doute, pour venger mon honneur, pour le tuer ou se faire tuer par lui.

Et cela à cause de moi qui ne l'aimerai jamais, et cela malgré sa sœur dont il est l'unique soutien dans le monde.

Oh! oui, cet homme m'aime plus que l'autre...

Et si ce qu'il craint allait arriver; si, lorsque nous retournerons à Montcontour, Frédéric n'y était plus; si je ne trouvais plus qu'une lettre d'abandon, que deviendrais-je, mon Dieu! dans l'état où je suis.

Et Blanche, à cette effroyable supposition, à ce terrible pressentiment, ne put retenir un cri, et cacha sa tête dans ses mains.

— Mon enfant, qu'as-tu? s'écria madame Pascal en courant à sa fille et en la prenant avec terreur entre ses bras.

Suzanne s'était réveillée, et regardait autour d'elle avec étonnement.

Robert était tout pâle.

— Ce n'est rien, ma mère, ce n'est rien, répondit Blanche en se levant et en essayant de sourire à madame Pascal, je m'étais assoupie, et il m'est arrivé ce qui arrive souvent aux gens qui s'endorment. Il m'a semblé que je tombais, et j'ai poussé un cri.

Robert ne se laissa pas tromper par cette raison ; mais madame Pascal, qui ne pouvait se défier d'elle, s'y laissa prendre et lui dit :

— Tu as besoin de repos, chère enfant; il faut te coucher; je vais préparer ton lit.

Et madame Pascal, prenant une lumière, passa dans la chambre voisine.

Alors Robert s'approcha de Blanche.

— Vous souffrez, mademoiselle? lui dit-il.

— C'est vrai, mon ami.

— Tâchez d'avoir de l'empire sur vous. Songez aux malheurs qui en résulteraient si vous trahissiez vos secrètes pensées. Ayez confiance en moi, Blanche, je vous en prie.

— Merci ! Robert, merci, répondit la jeune fille en tendant sa main à l'ouvrier, mais en baissant les yeux ; car maintenant qu'elle se savait aimée de lui, sa faute lui paraissait plus grande encore, et elle n'osait le regarder en face.

— Ayez confiance en moi ; dites-moi tout ; je vous le demande de nouveau, et tout ira bien.

— Vous avez donc deviné à quoi je pensais tout-à-l'heure ?

— Oui. Ma pensée ne vous perd pas de vue un instant.

— Et vous me dites d'espérer ?

— Oui. Car je vous donne ma parole

d'honneur que le mal sera réparé, s'il y en a.

— Et vous, êtes-vous heureux, Robert? demanda Blanche, poussée par une secrète espérance que Robert, lui aussi, serait franc avec elle et lui avouerait l'état de son âme.

— Oui, Blanche, je suis bien heureux.

L'effort que le jeune homme avait fait pour répondre cette phrase était visible, et il avait un tel poids sur le cœur en la disant, qu'il détourna brusquement la tête, car il sentit qu'il allait pleurer.

En ce moment, madame Pascal rentrait.

— Ton lit est prêt, dit-elle à sa fille.

— Bonsoir, madame. Bonne nuit, mademoiselle, fit Robert.

— Vous nous laissez Suzanne, n'est-ce pas? fit Blanche.

— Oui. Puisque vous voulez bien vous charger d'elle.

— A demain, monsieur Robert.

— A demain, mesdames.

— Ah! le brave jeune homme! dit madame Pascal quand elle fut seule avec sa fille et qu'elle eut fermé la porte; voilà le mari qu'il te faudrait.

Blanche tressaillit à ce mot; mais elle ne répondit rien.

Elle se mit au lit et fit semblant de dormir tout de suite pour pouvoir se livrer à ses pensées.

L'AMOUR DE ROBERT.

SUITE.

XXXVI.

La pauvre fille ne retrouvait plus son âme dans la confiance où elle l'avait laissée la veille. Elle n'eût pu définir ce qu'elle éprouvait, mais la révélation de l'amour de Robert pour elle avait fait passer tout-à-coup, entre elle et Frédéric, l'image d'un bonheur si tranquille, de joies si pures que malgré elle, elle suivait des yeux cette image impossible.

La crainte instantanée dont elle avait été prise, comme d'un fatal pressentiment, avait jeté son esprit dans un doute trop sérieux, quoique, depuis quelques jours, comme nous l'avons dit, un doute vague se fût emparé d'elle, pour qu'elle pût fermer les yeux un seul instant de la nuit ; si bien que, plusieurs fois, elle se leva pour voir si le jour venait ; comme si le jour eût dû lui amener le calme.

C'est le propre des esprits superstitieux, c'est un dernier reste des préjugés de l'enfance, de croire que la lumière du soleil chasse les douloureuses pensées qui fatiguent l'âme pendant ses insomnies.

Toute la nuit, Blanche se figura que Frédéric l'abandonnerait. Elle le voyait fuyant, laissant la maison déserte, et elle se réveillait en sursaut, couverte de sueurs froides comme la mort.

Madame Pascal dormait d'un sommeil tranquille, et Suzanne, sa petite bouche rose entr'ouverte, sa tête blonde posée sur son bras, reposait dans sa jeune innocence.

Blanche seule veillait, poursuivie par une seule et même idée, qui, à ce qu'il paraît, devait lui rendre un peu de tranquillité, car, de temps à autre, elle murmurait :

— Oui, je demanderai ce service à Robert, et il ne me le refusera pas, il est si bon ! Eh bien ! si ce que je crains arrive, je mourrai, voilà tout. Mon Dieu ! mon Dieu ! que je suis malheureuse !

Vous savez aussi bien que moi combien le silence et la solitude de la nuit exagèrent les sensations de l'âme ; je n'ai donc pas besoin de vous dire à quel état de terreur fiévreuse Blanche était arrivée quand le jour parut.

Robert non plus n'avait pas dormi.

Toute la nuit, il s'était promené dans sa chambre, s'accoudant de temps en temps à sa fenêtre ouverte et laissant tomber sa tête dans ses mains.

Il pleurait comme un enfant sur la faute de Blanche, et tout-à-coup il s'écriait :

— Oh ! si cet homme pouvait ne pas l'aimer, s'il pouvait l'abandonner lâchement ! alors peut-être, quand elle n'aurait plus d'espoir que dans la mort, peut-être consentirait-elle à aimer un peu celui qui la sauverait !

Les heures parurent bien longues à la jeune fille, depuis le moment où le jour se leva jusqu'au moment où elle devait voir Robert.

Afin d'apaiser un peu son agitation et pour se convaincre que le projet qu'elle rêvait avait déjà un commencement d'exécution, elle se releva doucement sur la pointe des pieds, s'assura que sa mère dormait, et, au risque d'être surprise, se dirigea vers la chambre voisine, où il y avait tout ce qu'il fallait pour écrire, et, saisissant une feuille de papier, elle traça à la hâte ces mots :

« Je suis folle, Frédéric, je suis poursuivie de craintes et de pressentiments. Je viens de passer une nuit affreuse, je n'ai pas dormi une minute.

» Au nom du ciel, au nom de ce que

vous avez de plus sacré, calmez-moi. Écrivez-moi que vous m'aimez toujours. Écrivez-moi d'avoir du courage, car il me serait impossible de passer quinze jours dans l'état où je suis. Il y avait des moments, cette nuit, où je voulais me sauver et courir à pied jusqu'auprès de vous.

» Remettez avec confiance une lettre à la personne qui vous porte celle-ci. C'est un ami sûr et qui ignore de quel message il est chargé.

» Un mot d'espoir, mon Frédéric bien-aimé, et tu sauveras la vie à celle qui t'aimera éternellement ! »

Blanche signa cette lettre, car elle était trop chaste pour ne pas signer ce qu'elle écrivait, ce qu'elle écrivait dût-il la perdre, puis elle la cacheta, et, se remettant dans son lit, elle la cacha sous son oreiller, et attendit plus patiemment l'heure où Robert devait descendre auprès d'elle.

Cette heure arriva enfin.

Robert parut comme toujours, s'efforçant de sourire.

Blanche l'entraîna dans une autre chambre, pendant que sa mère habillait Suzanne.

— Robert, lui dit-elle, il faut que vous me rendiez un service.

— Ordonnez, mademoiselle.

— Jurez-moi que vous n'abuserez pas du nom que je vais vous dire.

— Je vous le jure.

— Jurez-moi que vous ne direz à la personne que vous allez voir que ce que je vous aurai dit de lui dire.

— Je vous le jure, Blanche.

— Eh bien ! Robert, mon ami, au nom de votre mère, au nom de votre sœur, prenez cette lettre, partez pour Montcontour, et remettez-la au comte Frédéric de La Marche, qui habite le château du nord.

— Le comte Frédéric de La Marche ! balbutia Robert, dont la voix s'éteignait, tant les battements de son cœur étaient violents. Et, sans doute, il y a une réponse à cette lettre ?

— Oui, répondit Blanche.

— Demain, vous aurez cette réponse.

— Pardonnez-moi ce que je vous demande là, Robert, fit la jeune fille en cachant sa tête dans le sein du jeune homme, comme s'il eût été son frère; mais, depuis hier, je ne sais ce qui se passe en moi, je souffre; seule, la réponse que j'attends du comte peut me calmer, et il n'y a que vous qui m'aimiez assez pour me rendre le service de la lui porter.

—Vous avez raison, Blanche, il n'y a que moi dans le monde qui vous aime assez pour cela.

Puis, passant dans la chambre voisine, Robert embrassa Suzanne et lui dit :

— Ma petite Suzanne, je viens de recevoir une lettre qui me force à te quitter jusqu'à demain; je te laisse avec madame Pascal et mademoiselle Blanche. Tu seras bien sage, n'est-ce pas?

— Vous allez déjeuner avant de partir, fit madame Pascal, dont la vie se continuait uniforme et régulière, au milieu de ces agitations.

— Merci, madame, répondit Robert; il faut que je parte à l'instant même.

Il embrassa encore une fois Suzanne, et il sortit.

Quand il fut sur le carré, il s'appuya au mur pour ne pas tomber.

Il étouffait.

Que n'eût-il pas souffert, s'il eût su que, depuis la veille, la jeune fille se savait aimée de lui?

— J'ai fait là une mauvaise action, se dit Blanche, quand elle fut seule; je me suis servie de l'amour qu'un homme de cœur a pour moi au profit de l'amour que j'ai pour un autre.

C'est plus qu'une mauvaise action, c'est une lâcheté! Mais j'étais si malheureuse, que je serais morte, et Dieu me pardonnera de n'avoir pas voulu mourir!

— Allons! Blanche, cria madame Pascal, viens te mettre à table ; Suzanne est habillée, et le déjeuner est prêt.

Robert était déjà en route.

UN AMI.

XXXVII.

Robert avait sauté sur un cheval et l'avait lancé au galop dans la route qu'il devait suivre.

Quant à définir et analyser ses impressions, cela lui eût été impossible.

Elles se pressaient sans suite dans son cerveau, comme se presserait sur un rivage une foule d'hommes surpris par la marée montante et qui se sauveraient au hasard.

Cet amour qui lui était venu, cette initiation à la vie de Blanche, ce mystère dont il était le confident, cette mère sans défiance au milieu de dangers quotidiens, ce frère pieux et tout au Seigneur, cet inconnu chez lequel il allait et qui tenait la destinée de quatre personnes dans ses mains, car la destinée de Robert commençait déjà à dépendre de Frédéric, tout cela passait comme une fantasmagorie devant les yeux du rapide voyageur, et avait un tel côté d'invraisemblance, que, par moments, tout s'embrouillait dans sa tête, et qu'il croyait avoir rêvé.

Puis son amour pour Blanche, fil d'acier qui le guidait dans ce labyrinthe d'événements et d'émotions, se dégageait de ce brouillard moral, et Robert finissait, en le suivant, par reconnaître toutes les choses telles qu'elles étaient et par s'identifier de nouveau avec la réalité.

Ainsi, lui, Robert, aimant Blanche à donner sa vie pour elle, il allait porter une lettre de Blanche, lettre pleine d'amour sans doute, à l'homme qu'elle aimait, et l'ambition de son amour davait se borner là.

Voilà ce qu'il y avait de plus certain, voilà ce qu'il y avait de plus affreux pour le pauvre Robert.

Et cependant il était fier de se sacrifier ainsi pour Blanche. L'amour qu'il ressentait est si plein de dévouement et d'abnégation !

Quand un homme immole sa vanité intérieure, son orgueil intime à celle qu'il aime, vous pouvez dire que son amour est pur comme l'or qui résiste à la pierre de touche.

Il est plus facile de sacrifier sa vie que son amour-propre à la femme aimée.

Robert finissait par trouver une volupté âcre à faire ce qu'il faisait.

— Un jour, se disait-il, elle saura que je l'aimais et combien je l'aimais. Elle comprendra alors ce que j'aurai dû souffrir aujourd'hui, et au moins elle me plaindra, et, à défaut de son amour, j'aurai sa pitié.

Le rôle de victime n'est pas si douloureux qu'on pourrait le croire. Il a en lui-même ses compensations.

On y acquiert une admiration de soi-même qu'aucune autre position de la vie ne donne. Respectons ce sentiment. C'est celui qui a aidé la foi à faire les apôtres et les martyrs.

Robert arriva à Moncontour, entra chez lui, mit une veste et une casquette, et se rendit chez Frédéric.

Tout naturellement l'émotion du jeune homme augmentait à mesure qu'il approchait de la résidence de M. de La Marche.

— Si l'on allait me répondre qu'il est parti et qu'il ne reviendra plus ! pensait-il.

Et un rayon d'espérance secrète éclairait le visage de Robert.

Il sonna à la grille du château.

— Que demandez-vous ? fit le domestique qui parut à cette grille.

— M. le comte de La Marche, répondit Robert en regardant le valet de façon à lui faire comprendre que, s'il ne changeait pas de ton, il allait avoir affaire à lui.

— Dites-moi votre nom, continua le domestique d'une voix plus douce, je vais vous annoncer.

— M. le comte ne connaît pas mon nom; d'ailleurs, c'est de la part de quelqu'un que je viens.

— Eh bien! le nom de la personne qui vous envoie, alors?

— Ça, c'est autre chose : je ne veux pas vous le dire, attendu que ce n'est pas à vous qu'elle m'envoie, cette personne.

Dites donc tout bonnement à votre maître qu'il y a ici quelqu'un qui veut lui parler pour affaires de la plus haute importance. Allez, allez.

Ces deux derniers mots et la façon

dont ils étaient prononcés décidèrent le domestique à obéir.

Robert resta seul.

— Blanche sera heureuse ici, se dit-il en regardant autour de lui et en voyant les longues allées et les voûtes vertes que formaient les grands arbres du parc.

Quelquefois je passerai devant cette grille et je la verrai se promener au bras de son mari ! J'aurai du bonheur alors pour toute ma journée.

Le domestique reparut.

— M. le comte, dit-il avec un air de triomphe, ne reçoit que les gens qui se nomment.

— Je ne me nommerai pas, dit-il, et il me recevra.

— C'est ce que nous verrons, fit le domestique en barrant le passage à l'ouvrier.

— C'est tout vu, répondit celui-ci ; et, prenant le domestique d'une main, il le fit pirouetter et l'envoya rouler à dix pas de lui ; puis il s'achemina tranquillement vers le château, où il entra.

Il ouvrit une porte du rez-de-chaussée, et se trouva dans la chambre où était Frédéric.

— Monsieur le comte de La Marche? demanda Robert.

— C'est moi, monsieur.

Nous aurions peine à décrire le regard que le jeune homme jeta sur le comte ; qu'il nous suffise de dire que toute la curiosité de son amour était dans ce regard, et qu'il fut frappé de la pâleur fatale et du regard étrange de Frédéric.

— Cet homme est un méchant, telle fut sa première pensée !

— N'est-ce pas vous qui me demandiez tout-à-l'heure? fit M. de La Marche d'un ton un peu hautain.

— Oui, monsieur, répliqua Robert.

— Et qui n'avez pas voulu dire votre nom ?

— Par une raison bien simple, monsieur, c'est que mon nom vous est inconnu, qu'il est inutile de le dire à un valet, et que c'est à vous seul que je voulais parler. J'ai une lettre à vous remettre, une réponse à attendre, et voilà tout.

— De qui vient cette lettre?

— Nous sommes seuls, ici, monsieur le comte?

— Oui.

— Cette lettre vient de mademoiselle Blanche Pascal, répliqua Robert à voix basse.

— De Blanche! s'écria le comte avec intention et en regardant attentivement le messager.

— Oui, fit l'ouvrier, qui avait rougi malgré lui en entendant Frédéric dire : Blanche, tout court.

— Donnez, donnez, reprit M. de La Marche avec empressement. Il ne lui est rien arrivé?

— Rien, monsieur le comte, rien.

Frédéric ouvrit la lettre et la dévora.

— Pauvre enfant, murmura-t-il, elle tremble toujours. Asseyez-vous, monsieur, je vais vous donner la réponse qu'elle demande.

Robert resta debout.

— Il l'aime, se dit-il.

Et, à cette pensée, il sentit au cœur cette douleur aiguë que sent l'homme qui voit s'évanouir sa dernière espérance. Un moment, malgré ses résolutions, il eut de la haine pour cet homme qu'il voyait si heureux.

Pendant ce temps-là, Frédéric écrivait :

« Rassure-toi, ma Blanche bien-aimée, je t'aime ! Voilà le mot que tu me demandes. Vingt pages pleines ne t'en diraient pas davantage. »

Frédéric plia cette lettre, la cacheta et la remit à Robert.

— Merci, monsieur, fit le jeune homme en s'éloignant.

— Pardon, mon ami, reprit le comte en l'arrêtant, après un moment de réflexion, vous venez de Niort ?

— Oui, monsieur.

— Et vous allez repartir ?

— A l'instant même.

Le comte ouvrit un tiroir, et prit dix louis qu'il tendit à Robert, en étudiant la physionomie du messager.

— Qu'est-ce que cela ? demanda Robert.

— C'est le prix de votre course, mon ami.

— Elle est payée, monsieur le comte, répliqua Robert avec un tremblement involontaire dans la voix.

— C'est lui, c'est Robert, se dit Frédéric, à qui l'émotion du jeune homme n'échappait point.

Puis il reprit tout haut :

— Et sans doute vous savez ce que contenait la lettre que vous m'apportiez ?

— Pas plus que je ne sais ce que contient celle que je remporte, monsieur le comte.

— Cependant on ne vous avait pas caché que cette lettre était d'importance.

— Je l'ai deviné à la manière dont mademoiselle Pascal m'a sollicité de m'en charger; ce qui n'était pas étonnant, du reste, car elle sait que je lui suis dévoué corps et âme.

— Alors, monsieur, donnez-moi la main, puisque je n'ai en mon pouvoir que cette façon de vous remercier du bonheur que vous m'avez apporté aujourd'hui.

— Merci de cet honneur, monsieur le comte, fit Robert en s'inclinant et d'une voix grave et digne ; mais, outre le rang, trop de choses nous séparent pour que je l'accepte.

Je m'en doutais, pensa Frédéric, il l'aime.

— Comme il vous plaira, monsieur, ajouta-t-il tout haut.

— Vous n'avez plus rien à me dire, monsieur le comte?

— Non, monsieur.

Robert salua Frédéric et se retira.

— Quand on pense, fit M. de La Marche, en regardant le jeune homme s'éloigner, et en souriant d'un sourire étrange, quand on pense que voilà l'homme qui épousera Blanche, et qui reconnaîtra mon enfant : il y a des gens faits tout exprès pour cet emploi-là.

Il l'aime comme un fou, le pauvre garçon. Il tremblait comme une feuille tout-à-l'heure.

Après tout, continua Frédéric, en se rasseyant et en serrant dans un tiroir la lettre de Blanche, il sera très-heureux avec elle, et elle ne sera pas malheureuse avec lui. C'est une charmante fille, et lui est un fort beau garçon, ma foi !

Le comte sonna.

— Guillemin, dit-il au domestique qui parut, vous avez bien vu cet homme qui vient de venir?

— Oui, monsieur le comte, je ne l'ai que trop vu.

— Pourquoi dites-vous cela?

— Parce que comme je m'opposais à ce qu'il entrât, d'après les ordres de monsieur le comte, il m'a pris au collet et m'a envoyé rouler à dix pas. Je me suis relevé tout meurtri.

— Vous ne le reconnaîtrez que mieux, alors.

Guillemin s'inclina en signe d'assentiment.

— Il ne faudra jamais le laisser entrer, dit-il, croyant prévenir ainsi la volonté de son maître.

— Au contraire, s'il se représente, il faudra avoir pour lui les plus grands égards et l'introduire immédiatement. Allez.

OUI ET NON.

XXXVIII.

Robert s'était aussitôt remis en route.

Le lendemain il était de retour à Niort.

Blanche l'attendait avec une impatience indicible.

Elle était à la fenêtre quand il entra dans la rue de l'hôtel.

Elle l'aperçut et sentit tout son sang refluer vers son cœur.

— Est-ce la vie? est-ce la mort qu'il m'apporte? se demanda-t-elle.

Cinq minutes après Robert était auprès d'elle.

— Que c'est bien à vous d'être revenu si vite! lui dit madame Pascal.

— Ma bonne mère, va toi-même surveiller le déjeuner de M. Robert, afin que rien ne lui manque, dit Blanche à sa mère.

La jeune fille rougissait intérieurement de tous les moyens qu'elle employait pour tromper sa mère, la plus sainte des femmes ; mais elle y était bien forcée pour éviter de plus grands malheurs.

Sans lui dire une parole, Robert remit à Blanche la lettre du comte, et, prenant Suzanne dans ses bras, il l'embrassa avec effusion.

Que de choses il y avait dans ce baiser donné à l'enfant !

— Robert, dit Blanche après avoir lu la lettre du comte, que pourrai-je jamais faire pour récompenser le sacrifice que vous m'avez fait ?

— Quel sacrifice ? demanda Robert.

— N'en était-ce pas un que de vous charger d'une pareille mission? Ne deviez-vous pas souffrir à vous trouver en face du comte?

— Comment le savez-vous, Blanche?

— Je sais tout, Robert; je sais que vous m'aimez.

— Qui vous a dit cela? mon Dieu!

Blanche montra Suzanne.

— Elle ne m'a pas dit que vous m'aimiez; mais je l'ai deviné à ce qu'elle m'a dit.

Aussi attendais-je votre retour d'autant plus impatiemment que j'avais à vous demander pardon d'avoir imploré de vous un pareil service.

— Oh ! oui ! je vous aime, fit Robert en prenant la tête de la jeune fille dans ses mains, et en déposant un baiser sur ses cheveux ; mais je me guérirai de mon amour, puisque c'est la seule manière que j'aie de vous le prouver.

Blanche sentit deux larmes qui tombaient sur son front.

— Méchante ! fit avec sa douce petite voix Suzanne qui assistait à cette scène, à laquelle elle ne comprenait pas grand'chose, mais qui voyait pleurer son frère ; méchante ! voilà que tu le fais pleurer encore, lui, qui t'aime tant ! Dis-lui que tu l'aimeras bien, pour qu'il ne pleure plus.

Et la chère enfant se haussant sur ses pieds, tendait d'en bas ses lèvres à son frère, en l'attirant à elle avec ses petites mains.

— Allons, voyons, nous sommes fous, reprit Robert en essuyant ses yeux et en souriant, donnez-moi la main, mademoiselle, et ne parlons plus de cela. Et toi, Suzanne, si tu racontes encore que tu m'as vu pleurer, je ne t'aimerai plus.

Pourquoi Blanche tomba-t-elle tout-à-coup dans une rêverie profonde?

Pourquoi, elle, qui, quelques minutes auparavant, croyait sa vie suspendue à la réponse de Frédéric, pourquoi ne songeait-elle même plus à la lettre qu'elle tenait dans ses mains?

Pourquoi les douces images d'une autre vie que celle qui l'attendait, images qu'une terreur sinistre avait effacées tout-à-coup, reparaissaient-elles maintenant plus souriantes que jamais?

Pourquoi enfin, au lieu d'être toute à la joie que devait lui causer l'amour toujours le même de l'homme qu'elle aimait, Blanche ne pensait-elle qu'au mal qu'elle avait fait à Robert en le chargeant de cette étrange commission, et pourquoi eût-elle voulu, au prix de dix années de sa vie, ne pas lui avoir fait la confidence qu'il avait reçue d'elle.

Ce sont là de ces mystères du cœur qu'on signale, mais qu'on ne saurait expliquer. La jeune fille elle-même, elle surtout, n'eût pu se rendre compte de l'état où elle se trouvait.

Elle comprenait une chose cependant, et ce n'était déjà plus la délicatesse seule qui la lui faisait comprendre : c'est qu'il fallait dire quelque douce parole à ce cœur ulcéré, et verser un baume sur la blessure qu'elle avait faite.

Blanche, tout en paraissant rêver, jetait donc à la dérobée les yeux sur Robert, hésitant encore à lui dire ce qui murmurait en elle, dans la crainte d'obéir trop vite à un premier mouvement de délicate pitié, et de ne pas penser longtemps ce qu'elle pensait en ce moment.

Puis elle se disait : A quoi bon ? à quoi cela nous mènera-t-il lui ou moi ?

— Robert, dit-elle tout-à-coup en sortant brusquement de son incertitude, il y a une chose qu'il faut que je vous dise, parce qu'elle est vraie, parce que je la sens, parce que je vous en dois la confidence comme de toutes mes autres pensées.

— Dites, Blanche, dites, s'écria Robert qui pressentait une joie dans ce qu'il allait entendre.

— Eh bien ! Robert, je vous jure que si...

Blanche hésita.

— Que si?... reprit Robert en lui saisissant la main.

— Rien, fit Blanche, en retirant sa main de la main du jeune homme; voici ma mère.

— Qu'allait-elle me dire? se demanda Robert.

— Il vaut mieux qu'il ignore cela, pensa Blanche, car, en vérité je ne suis pas sûre moi-même de le penser.

Il y avait une demi-heure que cette scène avait eu lieu, et Robert qui, pour faire plaisir à madame Pascal, avait pris le repas qu'elle lui avait fait préparer, s'apprêtait à sortir, sous le prétexte de s'occuper des affaires qui l'avaient amené à Niort, mais en réalité pour essayer de distraire sa pensée et pour demander du calme au bruit du dehors, quand un messager entra apportant une lettre pour madame Pascal.

Cette lettre était de Félicien.

« Ma bonne mère, disait cette lettre, si M. Robert est revenu aujourd'hui, comme tu l'espérais, prie-le de venir me voir, et ne viens avec Blanche qu'une heure après que je l'aurai vu; je voudrais l'entretenir de ce dont nous avons parlé hier.

» Je t'embrasse comme je t'aime,

» FÉLICIEN. »

— Qu'est-ce que cette lettre ? demande Blanche.

— C'est une lettre de Félicien qui m'écrit qu'il nous attend aujourd'hui, mais une heure plus tard qu'à l'ordinaire. Il y a un mot pour vous dans cette lettre, monsieur Robert.

En même temps, madame Pascal passait la lettre à Robert, et celui-ci la lisait.

— Que peut me vouloir M. Félicien ? se demanda-t-il.

— Allez le voir tout de suite, lui dit tout bas madame Pascal ; je ne sais pas pourquoi j'ai idée que vous serez heureux d'y être allé.

Robert partit aussitôt, et se rendit au séminaire.

Pascal marcha à lui d'un air souriant et en lui tendant les deux mains.

— Mon frère, lui dit-il, je veux vous parler de choses sérieuses. Asseyons-nous et causons. Vous aimez Blanche, Robert?

Robert tressaillit.

— Vous pouvez l'avouer, quel crime y a-t-il à cela?

— Eh bien, oui, Félicien, j'aime votre sœur. Mais qui vous l'a dit?

— Votre arrivée à Niort, sous un faux prétexte, n'est-elle pas une indication suffisante pour un cœur comme le mien, attentif à tout ce qui regarde ma sœur?

Puis, est-ce qu'un homme comme vous, doué des mêmes qualités qu'elle, peut voir une fille comme Blanche sans l'aimer ? Quant à Blanche, elle vous aime aussi.

Robert pâlit à ce mot.

— Non, mon ami, vous vous trompez, dit-il avec émotion, mademoiselle Pascal ne m'aime pas.

— Qui vous l'a dit ? demanderai-je à mon tour. Avez-vous fait confidence de votre amour à Blanche ?

— Jamais ; mais je sais qu'elle ne m'aime pas.

— C'est ce que nous saurons bientôt.

— Comment cela ?

— Dans une heure, Blanche va venir ici avec ma mère, et je le lui demanderai.

— Quel est donc votre but, Félicien ?

— Mon but, mon ami, est ce qu'il a été toujours, de donner ma sœur à un honnête homme, qui l'aime bien, qu'elle aime et qui la rende heureuse. Or, je vous crois dans toutes les conditions que je désire.

Ce me serait, vous le pensez bien, une douce consolation, au moment où je me sépare du monde, de savoir à Blanche un protecteur comme vous. J'ai donc voulu vous parler de cela avant de la questionner. Si Blanche vous aime, comme je crois qu'elle doit vous aimer, si elle consent à devenir votre femme, consentirez-vous à devenir mon beau-frère, mon ami?

— Dans quelque temps, dans quelque circonstance que ce soit, je jure, fit Robert d'une voix grave, d'épouser mademoiselle Pascal si elle veut bien m'accepter pour époux; mais, je vous le répète, mon frère, ajouta Robert avec tristesse, mademoiselle Pascal ne m'acceptera point.

Le soir, Blanche, restée seule pendant quelques instants dans sa chambre avec Robert, lui dit d'une voix pleine de reconnaissance et d'émotion :

— Merci, Robert, de ce que vous avez fait aujourd'hui.

— Qu'ai-je donc fait qui mérite ce remercîment?

— Malgré ce que vous saviez, mon ami, vous consentez à me donner votre nom; vous m'aimez donc bien?

— Oh! oui, je vous aime.

— Eh bien! mon frère m'a consultée à mon tour, et j'ai fait ce que je devais faire, j'ai refusé.

— C'est tout naturel, mademoiselle, vous ne m'aimez pas, vous!

— En effet, Robert, répondit Blanche, après un instant d'hésitation, et en quittant brusquement la chambre, en effet, je ne vous aime pas.

Et mademoiselle Pascal, s'enfermant

dans la chambre voisine, éclata en sanglots.

— Allons! se dit Robert avec découragement, j'étais fou. Quand on pense que j'ai espéré un instant.

Encore quinze jours d'épreuve, encore quinze jours à souffrir, et quand elle sera heureuse, je confierai Suzanne à madame Pascal, et moi, je partirai.

Je me ferai soldat. Il se trouvera peut-être bien quelque part une balle pour moi.

OUI ET NON.

SUITE.

XXXIX.

Quelques jours se passèrent pendant lesquels Blanche évita de se trouver seule avec Robert. Qu'aurait-elle pu lui dire après ce qu'elle lui avait dit?

Deux ou trois fois, en le voyant venir, elle s'était enfermée, et comme si elle eût eu besoin de faire faire une brusque diversion à sa pensée, elle avait commencé des lettres pour Frédéric.

On eût dit que Blanche cherchait à puiser dans la certitude qu'elle devait appartenir à un autre homme, la force nécessaire contre le souvenir de Robert et contre ses propres sentiments.

Elle écrivait donc, elle jetait à la hâte les premières lignes sur le papier, puis sa main se ralentissait, puis l'expression faisait défaut à son esprit ou plutôt à son cœur, elle laissait tomber sa plume, appuyait sa tête sur sa main et regardant avec étonnement le dernier mot qu'elle venait d'écrire, elle songeait des heures entières.

Après une heure de rêverie, elle reprenait la plume; mais, au moment de continuer sa lettre, elle se levait et la déchirait sans même la relire.

Alors elle se promenait dans sa chambre, comme un prisonnier dans sa prison.

L'âme de la jeune fille était prisonnière, en effet, et ne savait comment sortir de l'état dans lequel elle était tombée, état étrange dont elle ne pouvait se rendre compte, et qui, à chaque mouvement qu'elle faisait pour s'y soustraire, lui représentait la même réalité.

Quand elle parvenait à mettre un peu d'ordre dans ses idées, quand un peu de jour éclairait les profondeurs de ses impressions nouvelles, c'était bien pis encore, et elle était comme épouvantée de ce qu'elle y découvrait.

Ce qu'elle voyait était si contraire à ce qu'elle avait cru jusqu'alors, c'était un démenti si formel donné à ses convictions d'autrefois, le changement opéré était si effrayant enfin, que Blanche aimait mieux ne pas le sonder et cherchait à se sauver d'elle-même.

Elle était semblable à un homme ruiné tout-à-coup et qui aime mieux mourir tout de suite que de chercher auparavant comment il s'est ruiné. Il est douloureux de douter des autres; il est plus douloureux encore de douter de soi, et Blanche en était arrivée là.

Depuis qu'elle était matériellement séparée de Frédéric, elle s'apercevait avec étonnement qu'elle supportait déjà sans effort cette séparation, et il y avait des moments où l'idée du rapprochement lui était pénible.

D'ordinaire, quand on s'éloigne des gens qu'on aime, le corps seul franchit l'espace qui sépare d'eux, et l'esprit reste à leurs côtés. Il n'en était pas ainsi pour mademoiselle Pascal. Son esprit était encore plus loin de Frédéric que son corps.

Bref, elle commençait à échapper à l'influence dominatrice, à la puissance magnétique qu'il avait jusqu'alors exercée sur son esprit et sur ses sens ; et, ce qui était affreux pour elle dans la situation où elle se trouvait, elle commençait à analyser le sentiment qui l'avait fait tomber sous la domination de son amant, et à s'apercevoir que le cœur n'y avait peut-être eu aucune part.

Comme nous l'avons dit, c'était là une effroyable découverte, car c'était non-seulement son passé, mais encore son avenir qui allaient en être victimes.

Aussi la chose était tellement inattendue, et Blanche comprenait si bien les conséquences qu'elle pouvait avoir, que, nous le répétons, elle s'efforçait d'en sortir brusquement, et qu'elle s'écriait :

— Je suis folle! j'aime toujours Frédéric. Quelle femme serais-je donc si je ne l'aimais plus !

Peut-être à l'aide de ses souvenirs et forte du respect qu'elle voulait se conserver, fût-elle parvenue ainsi, sinon à convaincre, du moins à faire patienter son cœur ; mais ce changement avait une cause, mais elle n'était pas seule en jeu, et elle trouvait en son cœur un obstacle étranger à elle-même.

La cause de ce changement, cet obstacle, c'était ce sentiment tout nouveau qu'éveillait la seule apparition, le seul nom, le seul souvenir de Robert.

Comme un enfant timide qui se tient auprès d'un père redouté, ce nom venait tout doucement s'asseoir dans le cœur de la jeune fille, et lui souriait et l'attirait à lui; puis quand il voyait ce cœur se révolter et s'irriter de sa présence, il se sauvait comme s'il eût dû ne jamais revenir, et, quelques instants après, profitant d'un moment où la jeune fille ne songeait pas à lui, il revenait tout doucement reprendre sa place, et cela avec une telle insistance, que Blanche, lassée dans son étonnement et dans sa colère, restait des heures, des nuits entières à écouter les promesses qu'il lui faisait.

Il procédait, pour se faire accepter, par des moyens si différents de ceux qu'avait employés Frédéric, si sympathiques à l'organisation de la jeune fille; il était si timide, si dévoué, si reconnaissant de la moindre faveur que, chaque jour, il faisait un pas de plus et s'acclimatait dans cette atmosphère de jeunesse, de pudeur et de loyauté, qui était son atmosphère naturelle, celle où il était né, celle où il devait vivre.

L'amour de Robert se prouvait tout seul, par son silencieux dévouement, et

Blanche en revenait forcément à se dire :

—Voilà comment le véritable amour se manifeste.

De là à douter de celui qui s'était présenté d'une façon toute contraire, il n'y avait pas loin.

Entre le cœur soumis, respectueux, qui n'avait encore demandé que le droit de pardonner, et le cœur exigeant auquel il avait tout de suite fallu la plus grande preuve d'amour qu'une femme puisse donner, il n'y avait pas de comparaison à faire, et elle était bien sûre d'être plus aimée du premier que du second.

Mais c'eût été un malheur pour elle

qu'elle aimât plus celui dont elle était le plus aimée, et pour conserver l'estime de cet homme, il fallait, puisqu'elle ne pouvait s'en convaincre, elle, le convaincre, lui, qu'elle ne l'aimait pas et qu'elle ne l'aimerait jamais.

Comment, en effet, faire avouer à une jeune fille comme Blanche un changement aussi subit? Avoir appartenu à un homme dont on doit être la femme, et avouer à un autre qu'on l'aime, c'était, aux yeux de Blanche, l'acte de la plus folle impudeur, et elle comprenait qu'on mourût de cet amour, mais elle ne comprenait pas qu'on l'avouât.

Voilà pourquoi elle évitait Robert.

Auprès de lui, pressée par ses questions ou par son douloureux silence, elle eût peut-être tout dit; car, comme nous l'avons vu, la pauvre enfant ne savait rien cacher. Loin de lui, seule, elle pouvait s'abandonner sans crainte au chagrin de ce bonheur impossible.

Le châtiment suivait de près la faute, car Blanche souffrait horriblement d'avoir perdu la liberté de son cœur.

Mais, plus elle songeait, plus elle faisait la solitude grande autour d'elle, plus cet amour nouveau acquérait de force, n'ayant même pas un souvenir à combattre, et se présentant à une âme qui s'enfermait et s'isolait pour le recevoir. Elle mettait donc sur la blessure de son cœur un baume qui le calmait momentanément, mais qui l'irriterait, et qui, plus tard, la ferait plus large et plus grave.

Pendant ce temps, que faisait Robert?

Tous les jours, il se promettait de ne plus venir chez Blanche, en se donnant cette raison :

— A quoi bon y aller, puisque je la vois à peine?

Et, tous les jours, il y venait.

Il ne la voyait presque plus, mais il voyait la porte derrière laquelle elle était, et il passait des heures à regarder cette porte à la dérobée, tandis que madame Pascal travaillait à côté de lui.

Que de regards Robert crut perdus, et que Blanche surprit ! car, bien des fois, la jeune fille n'avait pu résister au désir de le voir sans être vue. Alors, comme un enfant, elle avait regardé par le trou de la serrure, et deviné les pensées du jeune homme dans les regards profonds qu'il jetait sur sa chambre close.

Cependant une trop grande obstination à s'éloigner de lui eût été remarquée de sa mère, et eût paru d'une impolitesse par trop affectée, après ce qui s'était passé entre Robert et Félicien.

Blanche se croyait donc forcée, de temps en temps, de trouver un prétexte pour sortir de sa chambre et venir causer quelques instants avec Robert.

Cependant il lui avait fallu donner une raison à sa mère pour expliquer sa retraite quotidienne, et elle lui avait dit :

— Tu comprends, ma bonne mère, qu'après avoir refusé, comme je l'ai fait, d'épouser M. Robert, moins je me trouverai avec lui, mieux cela vaudra.

— C'est juste, mon enfant, avait répondu madame Pascal ; mais pourquoi as-tu refusé ?

— Parce que je ne veux pas encore quitter ma mère que j'aime, pour un mari que je n'aimerai pas.

Et, en disant cela, Blanche demandait pardon à Dieu de ce mensonge sacrilége.

Les pères et les mères croient toujours à une réponse qui flatte la vanité de leur amour, et madame Pascal, qui n'avait aucune raison de ne pas croire, avait cru à ce que Blanche lui avait dit.

D'un autre côté, elle était devenue la confidente de Robert, qui, s'il ne lui confiait pas toutes ses impressions et toutes ses pensées, lui disait, de temps en temps, quelques mots qui laissaient entrevoir l'état de son âme, et qui le faisaient plaindre de la brave dame.

Un soir, comme Blanche n'avait pas paru de la journée devant Robert, qu'elle avait dîné toute seule dans sa chambre, Robert crut voir dans cet éloignement le désir que ce fût lui qui s'éloignât ; il prit donc sa résolution et il dit à madame Pascal :

— J'ai un service à vous demander, madame.

— Oh ! dites, monsieur Robert, dites. Le jour où je pourrai vous le rendre sera un beau jour pour moi.

— Je vais partir.

— Vous allez partir, dites-vous ?

— Oui.

— Et pourquoi partir, bon Dieu?

— Parce qu'il le faut, voyez-vous, parce que je suis trop malheureux.

— Pauvre monsieur Robert! C'est vrai, vous souffrez; vous avez peut-être raison. Voyagez pendant quelque temps, cela vous fera du bien; puis, qui sait, avec le temps, les idées de Blanche changeront peut-être. Les petites filles sont si capricieuses!

Pour les mères, les filles sont toujours des petites filles.

— Et que ferez-vous? continua madame Pascal.

— Je prendrai du service.

— Vous vous ferez soldat?

— Oui. Il me serait impossible de

rester à ne rien faire. La discipline, les devoirs, une guerre, peut-être, me distrairont, et mettront une barrière entre le présent et l'avenir.

Tant que je m'appartiendrai, je serai capable de faire des folies; quand j'appartiendrai à mon pays, quand je serai forcé d'obéir à d'autres qu'à moi-même, quand je serai contraint de vivre loin de mademoiselle Blanche, quand enfin de l'état d'homme je serai passé à l'état de chose, peut-être arriverai-je à l'insensibilité, à l'oubli, au bonheur.

Cela vaut mieux que le suicide, n'est-ce pas?

— Le suicide! grand Dieu! Avez-vous pu avoir de pareilles idées?

— Eh bien! ma bonne madame Pascal, j'ai compté sur vous, car je ne puis emmener Suzanne avec moi, dans mon régiment. Ma résolution sera même un bonheur pour cette enfant.

Voici qu'elle arrive à l'âge où la femme a besoin des soins de la femme. Vous serez sa mère, sa tutrice, madame Pascal. Le voulez-vous? Mademoiselle Blanche se mariera un jour; monsieur Félicien va être prêtre; vous resterez seule.

Eh bien! cette enfant vous sera une distraction, vous rendra une fille en retrouvant une mère.

Vous lui parlerez quelquefois de moi,

n'est-ce pas? Et si le bonheur veut que je sois tué, vous lui direz que je l'aimais bien.

OUI ET NON.

SUITE.

XL.

Le pauvre garçon se leva comme pour échapper à son émotion; mais, malgré lui, les larmes inondèrent ses yeux, et, appuyant ses coudes sur la cheminée, il cacha sa tête dans ses deux mains, pleurant abondamment, et disant à madame Pascal :

— Pardonnez-moi, madame ; mais, c'est plus fort que moi.

Madame Pascal s'était levée à son tour, et, visiblement émue, elle s'était approchée de Robert comme elle se fût approchée de son fils :

— Je vous en prie, monsieur Robert, ne pleurez pas, lui avait-elle dit, vous me faites du mal ; il me semble que c'est Félicien qui pleure.

— Pardon, encore une fois, ma bonne madame Pascal. Mais, aujourd'hui, l'affectation que mademoiselle Blanche a mise à se tenir loin de moi m'a fait un mal affreux. C'est plus que de l'indifférence, c'est du mépris. Et pourtant je ne le mérite pas.

Madame Pascal allait répondre, quand une main lui toucha doucement l'épaule.

Elle se retourna.

Blanche était derrière elle, pâle comme elle ne l'avait jamais été.

— Laisse-moi seule avec monsieur Robert, dit-elle tout bas à madame Pascal; il faut que je lui parle.

Madame Pascal s'éloigna, rentrant dans la chambre que Blanche venait de quitter et qu'elle referma sur elle.

Alors, la jeune fille approcha sa

main d'une des mains de Robert, qui n'avait rien vu de ce qui venait de se passer, abîmé qu'il était dans ses pensées douloureuses, et d'ailleurs la tête cachée dans ses deux mains.

— Écoutez-moi, Robert, fit Blanche de sa voix la plus douce, mais avec une émotion dont, comme on le comprend bien, elle ne pouvait être maîtresse.

Robert tressaillit au son de cette voix et au toucher de cette main.

Il releva la tête.

— Blanche! s'écria-t-il.

— Oui, Blanche qui a entendu tout ce que vous venez de dire, monsieur Robert; Blanche qui veut avoir une explication avec vous.

— Asseyez-vous là, près de moi, et causons, mais causons bien bas, car, comme moi, ma mère pourrait entendre, et il y a des choses qu'il faut qu'elle ignore, n'est-ce pas?

En parlant ainsi, Blanche serrait significativement la main de Robert; et elle continua, quand il se fut assis auprès d'elle :

— Vous voulez partir, Robert?

— Oui.

— Vous avez raison.

— Ainsi, vous m'approuvez? dit Robert, qui un moment avait espéré que Blanche lui dirait de rester.

— Cette idée ne vous fût pas venue, que je vous l'eusse donnée ; il faut que vous partiez, Robert, pour votre bonheur à vous, pour mon bonheur à moi.

— Soit, je partirai. Quand faut-il que je parte?

— Pardonnez-moi ce que je vais vous dire, Robert. Partez demain.

— Demain ?

— Je vous en prie.

Robert s'inclina en signe d'assentiment. Il n'aurait pas pu prononcer une parole, et il fallait à Blanche une force dont elle ne se fût jamais crue capable pour pouvoir conserver le calme à sa voix.

Il se fit un silence assez long, silence pendant lequel Blanche ne retira pas sa main de la main de Robert.

Celui-ci parvint à dire :

— C'est bien, Blanche, votre volonté sera faite, et plus tôt que vous ne l'espérez. Je partirai ce soir.

— Voilà que vous m'en voulez, ami, c'est mal.

— Moi, vous en vouloir de quelque chose ! Dieu m'en garde et me fasse mourir le jour où il entrera pour vous dans mon cœur un autre sentiment que celui que je vous ai voué; mais vous me permettrez bien d'être triste à l'idée de m'éloigner de vous, et plus je comprends que vous ne pouvez m'aimer, plus je souffre que vous ne m'aimiez pas.

C'est à moi de vous demander pardon de la hardiesse que mon cœur a eue. Vous avez raison : il vaut mieux que je parte.

Adieu, Blanche, adieu !

Et le jeune homme posa ses lèvres sur le front de mademoiselle Pascal, baisa avec effusion ses deux mains et se dirigea vers la porte, le cœur et les yeux gonflés.

Blanche, debout à sa place, le regardait partir.

Au moment où il allait toucher le bouton de la porte :

— Robert, cria-t-elle, revenez !

Robert se retourna.

— Je ne puis pas vous laisser partir

ainsi, reprit-elle, écoutez-moi ! Qu'allez-vous faire ?

— Ce que je disais à madame Pascal, je vais m'engager. Que voulez-vous que je fasse ? Tant que je serai libre, j'irai où vous serez, et il ne le faut pas, vous venez de me le dire.

— Et c'est parce que je ne vous aiaime pas, que vous changez votre vie ?

— Oui, mademoiselle.

— Vous vous trompez peut-être, Robert, sur le sentiment que je vous inspire. Qui sait si un autre amour ne vous consolera pas de celui-là ?

— Jamais ! sur ma mère, je le jure !

— Que je suis malheureuse, mon Dieu! s'écria Blanche, qui ne pouvait plus contenir ses larmes et qui se laissa tomber sur sa chaise.

Robert la contemplait avec étonnement.

Ce pauvre cœur naïf ne pouvait soupçonner la véritable cause de la douleur de Blanche.

— Blanche, ne pleurez pas, je vous en supplie, lui dit-il en se mettant à genoux devant elle, comme un enfant qui demande pardon à sa mère; je suis déjà bien assez malheureux sans vous voir encore pleurer. Madame Pascal peut vous entendre, ne pleurez pas, vos larmes me font trop de mal : puis, qui peut vous faire pleurer, vous ?

Blanche essuya ses yeux, et jeta sur Robert un regard plein de reconnaissance et de douce compassion.

— Que vous êtes bon ! lui dit-elle. Quelle âme noble et généreuse vous avez ! Vous serez mon ami toujours, n'est-ce pas ? Si un jour j'étais malheureuse, je vous trouverais ; vous me le promettez ?

Vous nous laisserez Suzanne, votre chère sœur, je l'aimerai comme mon enfant, je l'élèverai dans le respect de votre nom, et plus tard vous la verrez heureuse, et son bonheur vous consolera de celui que vous n'aurez pas eu.

— Oh ! je la surveillerai, soyez tranquille, pour qu'elle ne prenne jamais une erreur de son esprit pour un besoin de son âme. On souffre trop quand on a la preuve qu'on s'est trompé.

— Que voulez-vous dire, Blanche ? je ne vous comprends pas.

— Rien, ami, rien. Vous m'écrirez; moi, je vous écrirai souvent. Une bonne et franche amitié remplacera un amour impossible, et si, malgré vos prévisions, vous trouvez une femme qui vous aime et que vous aimiez, vous ne me le cacherez pas, et le jour où je l'apprendrai, sera un beau jour pour moi.

La vie a des nécessités cruelles, voyez-vous : il y a six mois, je vous eusse aimé. Pourquoi Dieu n'a-t-il pas permis que je vous connusse alors?

Maintenant, si je vous aimais, mon amour serait un malheur pour vous, une lâcheté vis-à-vis de celui à qui j'appartiens, une insulte que je me ferais à moi-même.

Deux hommes pourraient avoir le droit de me mépriser : l'un tout de suite, l'autre plus tard; car, si noble que vous soyez, qui vous dit qu'un jour vous ne porteriez pas la moitié de ma faute? Il y a des souvenirs qu'on oublie bien difficilement; il y a des faits qu'on ne raie pas de la vie avec sa volonté.

Une fois que je serai la femme de l'homme à qui je me suis donnée, le mal sera réparé, en ce qui regarde le monde.

Quelle excuse aurais-je de donner mon cœur à un autre maintenant? quelle garantie offrirait ce nouvel amour? quelle femme serais-je à mes propres yeux? Non, mon ami, je ne peux pas, je ne veux pas, je ne dois pas vous aimer.

Si celui qui doit être mon mari ne le devenait pas; si la mort, le hasard ou sa volonté empêchaient cette réparation, c'est à Dieu que j'appartiendrais dorénavant. Son éternité seule a assez de pardon pour un pareil malheur.

Allons, Robert, du courage. Partez, mon ami, ne vous retournez pas en arrière, ne vous occupez plus de moi. Vous vouliez rester jusqu'à ce que vous m'eussiez vue heureuse, mariée du moins. Vous avez vu le comte, vous savez qu'il m'aime, et qu'il tiendra sa parole comme un honnête homme.

Puis, en tout cas, à quoi bon attendre? Quoi qu'il arrive, il y a une douleur pour vous à rester auprès de moi. Détachez brusquement votre vie de la mienne.

Je vous en prie, je le veux, continua

Blanche avec douceur, et ce qu'une sœur peut demander au ciel pour son frère, je le demanderai pour vous.

—Elle l'aime toujours, pensa Robert, et, tout pâle, il se leva.

Cette conversation avait lieu près du lit où reposait Suzanne.

Sans répondre un mot à ce que venait de lui dire Blanche, Robert s'agenouilla devant ce lit, considéra quelques instants sa sœur, essuya deux grosses larmes qui roulaient silencieusement le long de ses joues, larmes dont l'une tombait sur son passé mort et l'autre sur son avenir définitivement brisé; puis il se retourna vers mademoiselle Pascal, la prit dans ses bras, la serra contre son sein, et sortit brusquement de la chambre, en jetant derrière lui ce seul mot : adieu !

Blanche regarda cette porte qui venait de se refermer sur Robert. Si elle ne se fût retenue, elle l'eût rappelé encore une fois.

— Voilà mon bonheur qui s'en va, murmura-t-elle. A moi, maintenant, une vie de larmes et de regrets. Il se consolera sans doute, et moi je souffrirai seule ! C'est mon pardon que je gagne !

— Ma mère ! continua-t-elle en passant dans la chambre voisine, pour échapper à la solitude, ma mère, M. Robert est parti.

Mais madame Pascal ne bougea point. Elle s'était endormie sur sa chaise, son travail à la main.

Ainsi, une des grandes questions de la vie de Blanche venait de s'agiter entre le sommeil d'une enfant et le sommeil d'une vieille femme.

— Ages heureux, pensa Blanche en regardant tour à tour Suzanne et sa mère; âge que je n'ai plus, âge que je n'ai pas encore, le bonheur est en vous. L'un a l'ignorance, l'autre a l'oubli. Quand donc aurai-je des cheveux blancs!

Et Blanche déposa un baiser sur le front de sa mère qui s'éveilla.

— Tu es seule? fit madame Pascal

en ouvrant les yeux et en regardant autour d'elle.

— Oui, ma bonne mère, M. Robert est parti.

— Pauvre garçon ! Il t'aime bien ; mais puisque tu ne l'aimes pas, toi, n'en parlons plus. Ton bonheur avant tout. Oh ! les mères sont égoïstes pour leurs enfants. C'est bien naturel, je crois. M. Robert t'a sauvé la vie; il lui faudrait la mienne, je la lui donnerais ; mais la tienne, c'est autre chose.

COMMENT FRÉDÉRIC S'ÉTAIT FAIT AIMER DE BLANCHE.

XLI.

Le lendemain du jour où il avait reçu la lettre de Blanche, Frédéric avait quitté son château. Huit jours après il était de retour, rapportant les papiers nécessaires pour son mariage. Il s'attendait en revenant à trouver au moins une lettre de Blanche. Comme nous le savons, la jeune fille ne lui avait pas écrit une seule fois.

Ce silence étonna le comte et les choses qui l'étonnaient étaient rares. Aussi celle-ci lui sembla-t-elle mériter réflexion. M. de La Marche jugeait un peu les autres d'après lui et comme il ne se faisait aucune illusion sur lui-même, il en résulte qu'il avait une mauvaise opinion de l'humanité. C'était un esprit mauvais, mais clairvoyant, comme le dieu du mal, et il était difficile qu'une combinaison humaine lui échappât : nous l'avons vu, par la réflexion qu'il avait faite en voyant Robert, sortir de chez lui, réflexion qui prouvait qu'il avait deviné l'amour dévoué du jeune homme pour Blanche. Donc, s'il ne faisait pas le bien, il savait du moins que le bien existe ; et ce qui augmentait sa force, c'est qu'au contraire des sceptiques ordinaires, quoiqu'il ne le pratiquât point, il le supposait facilement chez les autres, et savait, le cas échéant, ou s'en faire une arme utile, ou tout au moins le mettre dans la balance des probabilités.

Malheureusement le bien est plus redoutable que le mal, pour les méchants bien entendu. Les mauvaises natures aiment mieux avoir à combattre chez les autres les vices ou les passions qu'elles ont, qu'avoir à attaquer une vie droite et marchant sans rien cacher d'elle, comme ces guerriers qu'un talisman rendait invulnérables, et contre lesquels les mauvais génies s'épuisaient en vain.

Frédéric ne se trompait pas sur le genre d'influence qu'il exerçait sur Blanche. Il savait parfaitement que ce n'était pas de l'amour qu'il inspirait à la jeune fille.

Il avait troublé ses sens, forcé sa volonté, égaré sa raison; mais il n'avait pas entamé le cœur de mademoiselle Pascal. Elle seule avait pu se tromper à ce bouleversement et le prendre pour de l'amour. Il fallait même qu'elle s'y trompât pour donner une raison à sa faute.

Les moyens auxquels elle avait cédé ne lui avaient d'ailleurs pas laissé le temps de la réflexion, et c'est ici le moment de les faire connaître, car nous ne croyons pas qu'on puisse présenter au lecteur une fille comme Blanche chargée d'une faute, sans expliquer minutieusement comment elle est arrivée à la commettre.

Dans ce cas-là, l'explication est presque l'excuse. Écoutez donc, et vous verrez qu'il y avait eu dans la volonté du comte un côté infernal auquel il était impossible que la pauvre enfant résistât.

C'était trois mois avant l'arrivée de son frère que Blanche avait vu Frédéric pour la première fois, et c'était à l'église qu'elle l'avait vu. Elle n'avait d'abord pas remarqué cet homme adossé, comme une statue, à l'une des colonnes près desquelles elle priait, mais cet homme, qui semblait dans tout le corps n'avoir de vivant que les yeux, avait rivé son regard sur elle d'une si étrange façon, que deux ou trois fois, sans qu'elle y songeât d'abord, et mue par la seule curiosité, Blanche avait levé les yeux de dessus son livre pour les porter sur cet inconnu.

Son premier mouvement d'enfant naïve et insouciante avait été de rire de ce regard qu'elle ne comprenait pas, puis le retrouvant toujours aussi calme, aussi insolemment fixe, elle s'était dit : que me veut donc cet homme, et enfin, à un frémissement involontaire, elle avait compris que ce qu'elle faisait pouvait être mal, et elle avait pris la résolution de ne plus regarder de ce côté.

Mais elle sentait que ce regard l'enveloppait toujours, et, pesant sur elle, la fatiguait aussi réellement que si une main de plomb se fût posée sur sa tête. Elle voulut secouer ce magnétisme qui avait un côté douloureux; elle passa la main sur son front, elle se confina dans la prière ; mais, malgré elle, elle jeta un coup d'œil de côté, et trouva le regard du contemplateur mystérieux adouci, comme s'il eût deviné la résolution qu'elle avait prise de l'éviter, et comme s'il eût voulu la remercier de n'avoir pas donné suite à cette résolution,

Blanche se sentait mal à son aise dans cette église, où elle appelait en vain la prière, et sans faire à sa mère, plongée dans ses dévotions, la confidence de ce qui se passait, elle lui dit seulement :

—Allons-nous-en, ma mère, je me sens un peu souffrante.

A la porte elle avait fait le signe de la croix, et, arrivée au soleil, le charme sous lequel elle s'était trouvée quelques instants, avait disparu. Alors elle avait respiré librement en disant à sa mère qui s'inquiétait :

—Tranquillise-toi, ma mère, je me sens mieux. J'avais besoin d'air, voilà tout.

Quand elle était arrivée à la grille de sa maison, elle avait aperçu, à trente pas d'elle, à moitié caché derrière l'angle d'une ruelle, cet homme qui l'avait suivie jusque-là.

Alors elle avait commencé à éprouver cette peur vague, instinctive, sans cause certaine, et qu'on nomme un pressentiment.

Elle était rentrée, et, tout le jour, s'exagérant l'aventure du matin, comme le fait toute jeune fille dont la vie a toujours été transparente, calme et sans incident, elle n'avait pu ouvrir une porte sans se figurer qu'elle allait trouver, derrière, les deux yeux de l'église et de la rue.

Cependant la journée s'était passée, sans qu'elle eût aucune nouvelle de l'inconnu, ce qui ne l'empêcha pas de s'enfermer le soir dans sa chambre et de s'endormir plus tard que de coutume.

Elle dormit néanmoins.

Elle avait à peu près oublié ses appréhensions de la veille, tant s'effacent vite de l'esprit des jeunes filles les impressions auxquelles leur cœur n'a point de part, et elle se disait même qu'elle raconterait cette ridicule frayeur à sa mère, ce qui prouvait qu'elle ne la subissait déjà plus, quand elle s'aperçut qu'elle n'en avait pas fini avec celui qui la lui avait fait subir.

En effet, elle se promenait, le soir, toute seule dans le jardin, comme cela lui arrivait souvent, quand au moment où elle passait devant le pavillon qui en occupait un des angles du fond, elle s'entendit appeler, mais si faiblement que dans toute autre disposition d'esprit, elle eût pu croire que c'était le souffle de la brise qui passait dans ses cheveux et non pas son nom qui arrivait à son oreille.

Elle tressaillit et involontairement elle se retourna.

Alors elle crut voir trembler les rideaux de la fenêtre du rez-de-chaussée, et elle resta convaincue que, malgré l'obscurité, elle avait, entre les rideaux à peine entr'ouverts, distingué les deux yeux de la veille toujours fixés sur elle.

La peur qu'elle ressentit fut si grande, qu'elle n'eut pas la force de se sauver, et qu'elle ne put s'éloigner qu'à pas lents.

Elle rentra dans la maison, vint s'asseoir à côté de sa mère, à qui sa pâleur n'échappa point, et à qui cependant elle n'osa faire part de ce qui venait de se passer. Elle prétendit avoir eu froid dans le jardin, et une heure après elle se retira dans sa chambre, où elle emporta un livre avec elle, prévoyant qu'elle ne dormirait pas tout de suite.

Une fois dans sa chambre, elle s'enferma à double tour et essaya même de rouler un meuble contre la porte; elle n'osa pas ouvrir une armoire dans laquelle elle enfermait les objets nécessaires à sa toilette de nuit.

Elle tressaillait chaque fois que le

vent plus fort ronflait dans la cheminée.

Elle ne dormit que trois heures, cette nuit-là.

Le lendemain, au point du jour, elle se leva et descendit au jardin. Elle voulait, en plein soleil, s'assurer si elle s'était trompée ou non la veille. Elle alla au pavillon, sans pouvoir se défendre d'un battement de cœur.

La porte du pavillon était fermée au double tour.

— Je suis folle, se dit-elle, personne n'a pu entrer ici hier au soir.

Mais en regardant machinalement à terre, elle vit des traces de pas parfaitement indiquées sur la terre un peu humide, car il avait plu, les jours précédents.

Les pas n'étaient ni ceux de sa mère, ni ceux du jardinier, ni les siens ; d'ailleurs, arrivés au mur, ils disparaissaient, ce qui prouvait que celui qui avait marché là avait escaladé le mur et s'était sauvé dans la campagne.

— Cet homme est hardi, murmura Blanche.

Et savez-vous ce qu'elle fit ?

Elle avait si grand'peur, l'innocente enfant, que sa mère ne vît ces traces de pas et ne conçût un soupçon quelconque, qu'elle prit un rateau et les effaça.

En agissant ainsi, elle voulait encore, s'il était possible, se retirer à elle-même la preuve de cette étrange persécution.

Tous les deux jours, Blanche allait à la messe avec madame Pascal.

Ce jour-là était donc le jour où elle devait y retourner, puisqu'elle y avait été l'avant-veille.

Elle ne douta point un instant qu'elle dût y rencontrer l'homme mystérieux.

Elle chercha d'abord un moyen de n'y point aller ; mais, pour cela, il fallait prétexter une indisposition et alarmer sa mère ; puis, ce qui l'empêcherait d'aller à la messe, ce serait la certitude d'y rencontrer cet homme. S'il y était, c'était qu'il savait qu'elle devait y venir ; si elle n'y venait pas, c'était lui avouer tacitement qu'elle le fuyait et que, par conséquent, elle avait peur de lui.

Blanche alla à la messe comme de coutume, se promettant de ne trahir en rien son émotion.

Cependant, son premier regard en entrant fut pour la colonne où elle avait vu pour la première fois son persécuteur obstiné.

Cette fois, il n'y avait personne.

Elle prit de l'eau bénite, fit le signe de la croix et marcha vers sa chaise.

Un homme était assis sur la chaise qui se trouvait derrière la sienne.

Avons-nous besoin de dire qui était cet homme ?

COMMENT FRÉDÉRIC S'ÉTAIT FAIT AIMER DE BLANCHE.

SUITE.

XLII.

Blanche s'attendait si peu à le voir là, qu'elle faillit pousser un cri.

Frédéric mit le doigt sur sa bouche pour lui imposer silence.

L'empire qu'il exerçait sur elle était

déjà si grand, qu'elle baissa les yeux et s'agenouilla à sa place accoutumée.

Quand elle se rassit, le comte s'agenouilla, lui, si bien que ses lèvres effleuraient la tête de mademoiselle Pascal.

Elle pressentit qu'il allait lui parler.

— Ne craignez rien, mademoiselle, lui dit-il d'une voix si basse qu'il était impossible que madame Pascal l'entendît; ne craignez rien, nul ne saura jamais que vous avez daigné m'entendre.

Quand vous me trouverez sur votre chemin, ne me fuyez pas, voilà tout ce que je vous demande. Je suis si heureux quand je vous vois !

Vous êtes émue en ce moment, votre cœur bat, je trouble votre prière ; faites un signe et je vous prouverai mon respect en m'éloignant.

— Partez, monsieur, je vous en supplie, fit Blanche, en tournant la tête du côté du comte, et en joignant à cette phrase un regard suppliant.

Frédéric se leva et quitta l'église.

Blanche n'entendit plus parler de lui de toute la journée.

Beaucoup plus tranquillisée, le soir, elle rentra dans sa chambre sans songer même à verrouiller sa porte.

Elle s'approcha même assez gaîment de son lit et l'entr'ouvrit.

En tirant le drap à elle, elle fit tomber un papier par terre.

Elle le releva sans soupçonner ce que cela pouvait être, et l'ouvrit sans défiance.

C'était une lettre d'une écriture complétement inconnue; mais, dès les premiers mots, à défaut de l'écriture, elle en reconnut l'auteur.

— Comment a-t-il pu déposer cette lettre sous mon oreiller? se demanda-t-elle en tenant le papier dans ses doigts tremblants.

Aurait-il mis Gervaise ou le jardinier dans la confidence? C'est impossible! Ce sont de trop honnêtes gens pour consentir à de pareilles choses.

Alors, il est venu lui-même. Mais comment a-t-il fait?

Tout ce qui est étrange, original, mystérieux, séduit les femmes malgré elles, et Blanche était femme.

Une fois la première émotion vaincue, il ne leur déplaît pas que leur vie prenne des teintes de roman.

D'ailleurs, jusque-là, il ne se passait rien d'inavouable, et celui qui lui écrivait faisait pour elle ce que bien des jeunes gens ont fait et font journellement pour des jeunes filles.

Ce ne fut donc pas tout-à-fait avec le sentiment du reproche qu'elle fit une nouvelle réflexion sur la hardiesse de

Frédéric et qu'elle ouvrit le billet qui contenait ces mots :

« Vous avez vu, ce matin, comme j'ai
» promptement obéi au premier ordre
» que vous m'avez donné; seul un
» amour comme celui que je ressens
» pour vous est capable d'une pareille
» obéissance, car je ne vis pas quand je
» suis loin de vous. Vous me devez une
» compensation à votre cruauté de ce
» matin.

» Vous voyez qu'il me serait facile
» d'arriver jusqu'à vous, puisque j'ai pu
» moi-même, et sans que personne me
» vît, déposer cette lettre dans votre
» Chambre, mais l'entretien que je veux,

» c'est de vous-même que je veux l'obte-
» nir, et je vous le demande à genoux.

» Jamais votre mère ne descend au
» jardin, surtout en ce temps, avant
» midi, je le sais; vous êtes donc bien
» sûre qu'elle ne vous verra pas si de-
» main, à onze heures, vous venez ou-
» vrir la petite porte qui donne sur la
» campagne et m'entendre, ne fût-ce
» qu'une minute. Cette courte entrevue
» décidera de ma vie, et ce que vous or-
» donnerez que je fasse, je le ferai. »

A la lecture de ce billet, que celui qui l'avait écrit n'avait pas signé, et dans lequel il semblait ne pas douter que Blanche vînt au rendez-vous qu'il lui donnait, la pudeur et la dignité de la jeune fille se révoltèrent, elle le déchira et en jeta les morceaux au feu avec colère, se repentant déjà de l'espèce de pardon qu'elle avait accordé aux tentatives de Frédéric, tant qu'elle avait cru que ses tentatives en resteraient à des regards, pourraient passer pour des enfantillages, et ne lui causeraient que des étonnements.

Blanche était une fille trop pieuse pour répondre autrement que par un dédaigneux silence à une pareille invitation; et à l'idée qu'un homme qu'elle ne connaissait pas, qu'elle avait vu pour la première fois quelques jours auparavant, avait osé lui écrire pareille chose, elle sentit le rouge de la honte lui monter au front et des larmes mouiller ses yeux.

Certes, ce n'était pas là une lettre bien habile, et un homme comme Frédéric aurait dû prévoir de quelle façon mademoiselle Pascal y répondrait, et par conséquent ne pas la lui écrire. Il l'avait prévu, et voilà justement pourquoi il l'avait écrite.

Ce qu'il voulait d'elle, ce n'était pas un entretien en plein jour, en plein air; et en se faisant refuser celui-là, il se donnait presque le droit, en mettant son amour en avant, d'en obtenir un autre par tous les moyens qui seraient en son pouvoir.

Donc, non-seulement Blanche n'alla

pas à ce rendez-vous, mais encore elle ne quitta pas de la journée la chambre de sa mère.

Elle était blessée dans la vanité de sa pudeur, elle était par conséquent, invulnérable. Elle sentait en elle toute la force nécessaire, et du moment que les poursuites de cet inconnu cessaient d'être respectueuses, elle ne les redoutait plus.

Le soir elle ouvrit son lit avec la certitude qu'elle allait y trouver une lettre et voulut se donner à elle-même la satisfaction de la brûler sans la lire, pour rester dans une position légale vis-à-vis de sa conscience.

Il n'y avait rien.

— Tant mieux, se dit Blanche presqu'étonnée; et, convaincue que les choses en finiraient là, elle s'endormit, se félicitant de n'avoir pas entretenu sa mère de toute cette affaire, et de n'avoir pas donné à cette aventure plus d'importance qu'elle n'en méritait.

Le lendemain se passa sans événement : pas de lettres, pas de traces de pas, pas de regards inattendus.

Blanche était une sainte et chaste fille dans toute l'acception du terme, et joignait à ces grandes vertus morales, des qualités d'intérieur qui en étaient comme les ramifications.

L'ordre dans les choses matérielles et

communes de la vie était une des qualités de la jeune fille. Aussi sa chambre, dans laquelle elle se plaisait, était le cadre charmant de son existence régulière. Tout, depuis les petits tableaux qu'elle avait dessinés elle-même et qui en ornaient les murs, jusqu'aux moindres objets, y était rangé avec une symétrie si parfaite, que mademoiselle Pascal rentrant chez elle sans lumière, la nuit, eût pu, au premier coup, trouver toute chose dont elle eût eu besoin. Les jeunes filles ont assez souvent le don d'arrangement, et elles savent s'entourer de mille riens que nous, hommes, nous briserions au moindre contact, si, pendant deux jours seulement, ils se mêlaient à nos habitudes, et au milieu desquels elles vivent pendant des années sans qu'aucun d'eux s'égare ou se détériore.

La cheminée, les étagères, les tables de mademoiselle Pascal étaient couvertes de ces mille frivolités qui n'avaient de prix que pour elle et par les souvenirs qu'elle y rattachait, car à peine si le tout eût valu cent francs. C'étaient des cachets, des dessins, des médailles, des figurines, des petites tasses de Chine. Porcelaines, cuivres, cristaux se confondaient dans une parfaite intelligence et dans une fraternelle communauté.

Aussi, quand il arrivait à la bonne

de Blanche de changer de place le plus petit de ces objets, au premier coup d'œil que la jeune fille jetait par habitude autour d'elle en rentrant dans sa chambre, elle surprenait ce changement, et d'instinct le réparait. Elle avait même fini, autant par quintessence de pudeur que par amour de l'harmonie, par faire elle-même son petit ménage, et par ne laisser pénétrer personne, excepté sa mère, dans la chaleur de son nid.

Comme nous l'avons dit, le lendemain du jour où elle avait reçu la lettre de Frédéric s'était passé sans événement, quand le soir, Blanche rentra chez elle pour se mettre au lit, laissant dans la chambre précédente sa mère qui, pour être plus près de sa fille, avait fait de cette chambre sa chambre à coucher. A peine si elle songeait à ce qui l'avait occupée pendant trois jours.

Mais en entrant, elle devint pâle et s'arrêta sur le seuil de la porte.

Une chaise était renversée au milieu de la chambre et les morceaux d'une petite tasse brisée gisaient à terre.

Il était impossible que ce fût quelqu'un de la maison qui eût renversé cette chaise et brisé cette tasse, car il eût relevé l'une et fait disparaître les morceaux de l'autre.

— Il est venu ce soir, se dit-elle.

Et, malgré elle, ses yeux se fixèrent sur l'armoire où elle enfermait ses robes, et qui était le seul endroit où pût se mettre quelqu'un ayant intérêt à se cacher dans cette chambre.

A partir de ce moment, elle ne pressentit pas, elle fut convaincue que l'homme à la lettre était caché dans cette armoire.

Il y a des battements de cœur qui ne trompent pas.

Blanche avait le courage des âmes qui n'ont rien à se reprocher. Elle s'assura que sa mère dormait, elle ferma la porte qui communiquait de sa chambre à la sienne, et, marchant droit à l'armoire, elle l'ouvrit.

Elle ne s'était pas trompée. Frédéric était caché là.

COMMENT FRÉDÉRIC S'ÉTAIT FAIT AIMER DE BLANCHE.

SUITE.

XLIII.

Frédéric sortit tranquillemeut de l'armoire où il venait d'être surpris, car nous devons dire que si perspicace qu'il fût, il ne s'attendait pas que Blanche devinerait sa présence dans sa chambre et à la façon dont elle venait d'ouvrir la porte derrière laquelle il était, il comprit bien que ce n'était pas le hasard qui la lui avait fait ouvrir.

— Que faites-vous ici, monsieur? dit Blanche pâle et d'un ton sévère.

— Vous le voyez, mademoiselle, répondit le comte d'une voix calme, je vous attendais. Vous n'avez pas voulu venir en plein jour, au rendez-vous que je vous avais demandé, il a bien fallu que je demandasse à la nuit, l'entretien que je voulais obtenir.

— Au risque de me perdre, monsieur.

— De vous perdre! Et comment? je risquais de recevoir un coup de fusil comme un voleur, au moment où j'escaladais le mur de votre jardin, quand je m'introduirais ici. Mais vous, mademoiselle, vous ne risquez rien.

— C'est bien, monsieur, maintenant vous allez sortir d'ici.

— Comment, mademoiselle ?

— Tout simplement par la porte.

— Mais il faut pour cela traverser la chambre de votre mère.

— Ma mère dort.

— Et si en passant je la réveille ?

— Tant pis pour vous, monsieur, car alors, je lui dirai la vérité. Tout ce que je puis faire, et cela, moins pour vous que pour moi, c'est de prendre le plus de précautions possibles, afin que nul ne vous voie sortir de chez moi.

— Et si je refusais de m'en aller, mademoiselle ?

— Alors, monsieur, j'appellerais.

Le comte parut réfléchir pendant quelques instants.

Blanche prit la lampe et se dirigea vers la porte de sa mère.

— Venez, monsieur, dit-elle.

— Assurez-vous d'abord que madame Pascal dort, fit le comte, c'est plus prudent, je crois.

Blanche ouvrit la porte et passant dans la chambre de sa mère, elle se pencha sur le front de madame Pascal et s'assura qu'elle dormait.

Au moment où elle relevait la tête, une chaise tomba dans la chambre voisine et madame Pascal rouvrit les yeux, réveillée en sursaut. C'était Frédéric qui avait volontairement fait ce bruit.

Blanche ne put retenir un cri en l'entendant.

— Que fais-tu là? lui dit sa mère.

— Je croyais que tu m'avais appelée, répondit Blanche d'une voix tremblante.

— Qu'as-tu donc? Tu parais tout émue, d'où vient le bruit qui m'a réveillée?

— C'est moi qui ai fait tomber une chaise en passant par ici.

— Pourquoi n'es-tu pas encore couchée?

— Je vais me coucher, ma mère, embrasse-moi et rendors-toi vite.

La jeune fille posa ses lèvres sur le front de madame Pascal, et rentra dans sa chambre dont elle eut soin de fermer la porte.

En ce moment, elle haïssait bien sincèrement l'homme qui l'attendait et qui, sans qu'elle fût sa complice, venait de la forcer de faire à sa mère le premier mensonge qu'elle eût fait de sa vie, car elle n'avait pas osé dire à madame Pascal la véritable cause du bruit entendu.

Et cependant, elle n'était pas coupable; mais même innocente, une jeune fille pudique comme Blanche et craintive comme elle, emploie tous les moyens honorables et conciliants, avant de faire un aveu comme celui qu'elle eût été forcée de faire. De l'avis de Blanche, rien qu'une tentative comme celle du comte était déjà une tache sur sa vie et elle aimait autant être seule à l'effacer. Elle se croyait d'ailleurs assez forte de sa conscience pour cela.

Frédéric l'attendait, les bras croisés, et adossé à la cheminée.

— Ce que vous faites est infâme, monsieur, lui dit-elle à voix basse.

— Votre mère dormait, n'est-ce pas ? fit le comte, dont la bouche touchait presque l'oreille de la jeune fille ; je l'ai bien vu, et je l'ai réveillée exprès, cela me donnera toujours une demi-heure pendant laquelle je vous dirai ce que j'ai à vous dire.

Et, en parlant ainsi, Frédéric fixait ses yeux ardents sur Blanche.

— Eh bien ! monsieur, dit-elle en acceptant résolument la nécessité où elle se trouvait, ayons donc une explication franche ; d'autant plus franche, que ce sera la seule et la dernière que nous aurons.

— Je vous aime, Blanche, répondit Frédéric d'une voix calme et grave, comme si elle était réellement un écho du cœur, et, cependant si faible, que c'était plutôt au mouvement de ses lèvres qu'au son des paroles que la jeune fille entendit ce que cet homme lui disait ; car, pour que madame Pascal ne surprît rien, il fallait parler à voix bien basse, et c'était plutôt l'âme que le corps qui parlait.

Blanche regarda le comte, qui soutint le regard clair et franc de cette chaste fille.

— Vous abusez du sacrifice que je fais au repos de ma mère, monsieur, lui dit-elle, pour me dire des choses que je n'ai jamais entendues. Au nom de votre mère, monsieur, taisez-vous.

Frédéric devint silencieux, et laissa

tomber sur mademoiselle Pascal un regard profond et scrutateur.

— Oui, je vous aime, murmura-t-il, comme s'il n'eût pu contenir la voix de son âme, malgré tous ses efforts. Je vous aime, et il faudra bien que vous m'aimiez.

Blanche, sans répondre un mot, marcha vers la chambre de madame Pascal.

— Où allez-vous? demanda le comte.

— Je vais rejoindre ma mère, monsieur, pour ne plus vous entendre. Je m'enfermerai dans sa chambre, et vous sortirez d'ici comme vous pourrez.

— Allez ! fit le comte en tirant des tablettes de sa poche et en se mettant à écrire.

Il y avait un tel air de menace dans ce seul mot, que Blanche s'arrêta et revint sur ses pas.

— Que faites-vous ? demanda-t-elle.

Le comte déchira de ses tablettes la feuille qu'il venait d'écrire, et la passa à Blanche qui lut ces mots :

« Je me suis introduit la nuit auprès de mademoiselle Pascal que j'aimais et qui m'a repoussé. Préférant la mort à l'idée d'être séparé d'elle, je me suis tué dans sa chambre. Qu'on n'accuse personne de ma mort et qu'on ne la soupçonne pas un instant, elle la plus plus pure et la plus chaste de toutes les femmes.

» Cte Frédéric de La Marche. »

— Vous faites cela pour m'effrayer, monsieur, dit Blanche en déchirant ce papier ; vous ne vous tueriez pas.

— Vous ne me connaissez point, Blanche, continua M. de La Marche, qui s'obstinait à traiter ainsi familièrement la jeune fille, et qui répondait avec un sang-froid merveilleux, contre lequel devaient se briser tous les doutes de mademoiselle Pascal.

Et en même temps il tirait de sa poitrine une paire de pistolets de poche ;

et, les armant tranquillement l'un et l'autre, il les déposa sur la cheminée.

Blanche vit briller les amorces à la lueur de la lampe.

— Sur ce Christ dont l'image veille au-dessus de votre lit, dit le comte en étendant la main sur un crucifix qui se dessinait dans la pénombre des rideaux ; sur ma mère et sur mon honneur, mademoiselle, je vous jure que si vous quittez cette chambre avant le moment où il est convenu que nous la quitterons ensemble, je vous jure que je me fais sauter la cervelle.

Cet homme pouvait mentir, mais il pouvait dire vrai. Puis, il y avait tout à craindre d'un homme doué d'une pareille volonté; et réveiller madame Pascal, c'était peut-être exposer sa vie.

— C'est bien, monsieur, je reste; mais cachez ces armes.

Le comte désarma les pistolets et les replaça où il les avait pris, sans pouvoir s'empêcher de sourire.

Quel immense mépris Blanche eût eu pour cet homme si elle avait su que ces pistolets n'étaient même pas chargés.

Maître de la position, Frédéric se rapprocha d'elle, et, lui prenant la main et l'enfermant dans les siennes malgré les efforts de la jeune fille, il lui dit :

— Vous avez dû voir, Blanche, que je ne suis pas un homme comme les autres, et que l'amour que je ressens n'est pas l'amour de tout le monde. D'ailleurs, pouvez-vous inspirer un amour ordinaire?

Depuis que je vous ai vue pour la première fois, vous êtes devenue un besoin de ma vie; et, je vous le répète, le jour où je serai sûr de ne pas être aimé de vous je me tuerai : mais jusque-là je tenterai tout pour me faire aimer.

Vous me trouverez partout, comme votre ombre, en quelque endroit que vous alliez, quoi que vous fassiez pour m'échapper. Je vous suivrai, comme je suivrais mon cœur s'il marchait devant moi. Avez-vous quelque chose à m'ordonner, quelque chose d'étrange, d'impossible, je le ferai.

Certaines gens diront :

— Elle n'avait qu'à répondre à Frédéric :

Puisque votre amour est si pur, si sincère, si loyal, si capable de tout, au lieu de vous introduire, la nuit, chez moi comme un voleur, au lieu de risquer de me compromettre, au lieu de me demander à moi-même, demandez-moi à ma mère.

C'est vrai, Blanche eût pu répondre ainsi ; mais, pour cela, il eût fallu d'abord qu'elle entendît ce que Frédéric lui disait, et la pauvre enfant n'avait plus la tête à elle en ce moment ; elle n'était préoccupée que d'une chose, c'était de la crainte que sa mère entendît le chuchottement d'une voix étrangère ; car, après le mensonge qu'elle lui avait fait, si Frédéric eût été vu de madame Pascal, Blanche eût eu toutes les peines du monde à la convaincre de son innocence; puis, il eût encore fallu pour cela qu'elle pût consentir à épouser le comte, et non-seulement elle ne l'aimait pas et ne pouvait pas l'aimer, mais encore elle le redoutait et se sentait bien près de le haïr.

L'empire que cet homme exerçait sur elle, il ne l'exerçait que par le mystérieux dont il parvenait à s'entourer, cette volonté de fer qui lui faisait accomplir tout ce qu'il avait résolu, et enfin par l'effroi qu'il inspirait à la pauvre fille peu habituée à ces scènes de roman, au milieu desquelles elle ne se reconnaissait plus et se demandait parfois si c'était bien elle qui s'y trouvait.

Elle subissait donc, ce que lui disait Frédéric, comme un martyre auquel elle ne pouvait échapper, et, l'oreille tendue vers la porte, tout en abandonnant sa main au comte pour ne pas faire de bruit en lui résistant, elle cherchait à distinguer si, dans le silence, ne passerait pas la respiration plus rapide et plus bruyante de sa mère endormie.

FIN DU TROISIÈME VOLUME.

TABLE DES CHAPITRES

DU TROISIÈME VOLUME.

	Pages.
Chap. XXX. Confidences forcées. (*suite*).	5
— XXXI. Confidences forcées. (*suite*).	31
— XXXII. Confidences forcées. (*suite*).	53
— XXXIII. Suzanne.	75
— XXXIV. Suzanne. (*suite*).	103
— XXXV. L'amour de Robert.	121
— XXXVI. L'amour de Robert. (*suite*).	145
— XXXVII. Un ami.	161
— XXXVIII. Oui et non.	183
— XXXIX. Oui et non. (*suite*).	203
— XL. Oui et non. (*suite*).	227
— XLI. Comment Frédéric s'était fait aimer de Blanche.	249
— XLII. Comment Frédéric s'était fait aimer de Blanche. (*suite*)	269
— XLIII. Comment Frédéric s'était fait aimer de Blanche. (*suite*).	289

FIN DE LA TABLE DU TROISIÈME VOLUME.

Coulommiers. — Imprimerie de A. Moussin.

SOUS PRESSE.

MÉMOIRES DE TALMA
ÉCRITS PAR LUI-MÊME
Recueillis et mis en ordre sur les papiers de la famille
Tomes V et VI.
Par Alexandre DUMAS

Les Proscrits de Sylla
2 vol. in-8
Par Félix DERIÉGE

LE COMTE DE FOIX
2 vol. in-8
Par Frédéric Soulié.

LES DERNIERS PAYENS
2 vol. in-8
Par Félix DERIÉGE

LES QUATRE NAPOLITAINES
Tomes V et VI
PAR FRÉDÉRIC SOULIÉ.

Les Mystères de Rome
PAR FÉLIX DERIÉGE.

NOBLESSE OBLIGE
2 vol. in-8
Par F. de Bazancourt.

LAGNY. — Imprimerie de Vialat et Cie.

www.ingramcontent.com/pod-product-compliance
Lightning Source LLC
Chambersburg PA
CBHW071250160426
43196CB00009B/1235